数字图书馆信息化建设与应用

Informatization Construction and Application
of Digital Library

鲍 静 著

中国科学技术大学出版社

内容简介

数字图书馆信息化建设是以信息技术在图书馆的广泛应用为主导,以网络为信息基础,以信息化人才为依托,以法规、政策标准为保障的综合体系的建设。本书从数字图书馆信息化建设出发,阐述了信息技术在数字图书馆信息化建设中的相关知识,具体从基础网络建设、中心机房建设、应用系统建设、信息化人才队伍建设和信息安全技术应用等方面进行论述,理论联系实际,为信息化建设和信息技术在数字图书馆的应用提供了针对性较强的指导,具有参考价值。

图书在版编目(CIP)数据

数字图书馆信息化建设与应用/鲍静著. —合肥:中国科学技术大学出版社,2022.9
ISBN 978-7-312-05508-9

Ⅰ. 数⋯ Ⅱ. 鲍⋯ Ⅲ. 数字图书馆—信息化建设—研究 Ⅳ. G250.76

中国版本图书馆 CIP 数据核字(2022)第 147492 号

数字图书馆信息化建设与应用
SHUZI TUSHUGUAN XINXIHUA JIANSHE YU YINGYONG

出版	中国科学技术大学出版社
	安徽省合肥市金寨路96号,230026
	http://press.ustc.edu.cn
	https://zgkxjsdxcbs.tmall.com
印刷	安徽国文彩印有限公司
发行	中国科学技术大学出版社
开本	710 mm×1000 mm 1/16
印张	10.75
字数	221 千
版次	2022 年 9 月第 1 版
印次	2022 年 9 月第 1 次印刷
定价	59.00 元

前　　言

　　随着信息技术在图书馆的广泛应用,特别是数字图书馆应用领域的不断发展,图书馆的工作内容、服务模式、技术服务手段和管理机制都发生了巨大的变化,数字图书馆信息化建设日趋完善,建设经验亟待总结。本书探讨的数字图书馆信息化建设是以信息技术在图书馆的广泛应用为主导,以网络为信息基础,以信息化人才为依托,以法规、政策标准为保障的综合体系的建设。

　　本书主要包含四部分内容:第一部分为概述,简要介绍数字图书馆和图书馆信息化的基本概念与发展等相关知识,包含第1章内容;第二部分为数字图书馆信息化建设,包含第2、3、4、5章内容,主要对数字图书馆信息化基础设施的建设要求和应用系统建设的主要功能进行详细阐述,并提供信息化基础设施和信息化应用系统的具体建设实例;第三部分为数字图书馆信息化人才队伍建设和管理,包含第6章内容,提出了数字图书馆信息化人才岗位要求和面临的主要问题;第四部分为数字图书馆信息化安全建设,包含第7章内容,主要介绍了信息安全的相关法律法规和信息安全技术的相关知识,并附有具体的网络安全实例。

　　本书是笔者在20年公共图书馆信息化建设和应用实践基础上编写的,为信息技术在数字图书馆中的应用和信息化建设提供了针对性较强的指导和参考,可以作为数字图书馆信息化建设、图书馆信息技术工作人员工作参考用书。

　　笔者在本书编写过程中得到了家人的大力支持和部门同事的帮助,特别感谢安徽省图书馆网络技术部的宁一丁、鲍云、周铨等,本书中的许多内容是笔者与他们合作完成的。

　　由于笔者水平有限,加上时间仓促,书中难免有不妥之处,期待您的批评和建议。如有意见或建议,请发至邮箱371219037@qq.com,谢谢!

　　最后,谨以此书送给一直以来给予笔者无私关心、支持和帮助的家人、同事和朋友。

鲍　静
2022年3月

目　　录

前言 ··· （ⅰ）

第1章　数字图书馆及其信息化概述 ···································· （1）
　1.1　图书馆信息化发展和数字图书馆定义 ························· （1）
　1.2　数字图书馆信息化的特征 ·· （3）
　1.3　数字图书馆信息化建设的主要内容和总体要求 ············ （5）

第2章　基础网络设施建设 ··· （9）
　2.1　网络系统规划总体要求 ·· （9）
　2.2　网络系统总体架构设计 ·· （9）
　2.3　有线网建设 ·· （13）
　2.4　无线网建设 ·· （19）
　2.5　虚拟网建设 ·· （25）
　2.6　专线建设 ·· （31）

第3章　数字图书馆中心机房环境建设 ······························· （37）
　3.1　数字图书馆中心机房建设意义与原则 ························· （37）
　3.2　机房的生命周期管理 ··· （38）
　3.3　机房选址原则 ··· （39）
　3.4　机房功能分区 ··· （40）
　3.5　机房装修 ·· （41）
　3.6　机房供配电系统建设 ··· （42）
　3.7　机房UPS系统 ·· （44）
　3.8　综合布线系统建设 ·· （44）
　3.9　空调及新风系统建设 ··· （48）
　3.10　消防系统建设 ··· （51）
　3.11　防雷接地系统 ··· （53）
　3.12　接地系统 ··· （56）
　3.13　监控系统建设 ··· （57）
　3.14　机房场地建设主要依据 ··· （59）

第 4 章　机房软硬件基础设施建设 …………………………………（60）
4.1　中心机房软硬件设施建设规划和目标 ……………………（60）
4.2　机房硬件设备设施 ……………………………………………（62）
4.3　机房基础软件系统 ……………………………………………（76）
4.4　机房日常运行管理 ……………………………………………（84）

第 5 章　数字图书馆应用系统建设 ……………………………………（86）
5.1　数字图书馆应用系统总体设计架构 …………………………（86）
5.2　设计原则 ………………………………………………………（86）
5.3　接口设计 ………………………………………………………（91）
5.4　应用系统平台建设 ……………………………………………（92）

第 6 章　数字图书馆信息化人才队伍建设与管理 …………………（124）
6.1　数字图书馆人才队伍建设概况 ………………………………（124）
6.2　日常管理的注意事项 …………………………………………（126）
6.3　数字图书馆信息化管理人才工作岗位管理 …………………（127）

第 7 章　信息安全技术应用 …………………………………………（129）
7.1　《网络安全法》和网络安全等级保护 2.0 制度概述 …………（129）
7.2　主要信息安全技术 ……………………………………………（130）
7.3　信息安全建设应用实例 ………………………………………（136）

附录 ………………………………………………………………………（151）
附录 1　《安徽省图书馆网络服务控制程序》……………………（151）
附录 2　《安徽省图书馆网络安全应急预案》……………………（155）
附录 3　相关法律法规及主要标准 ………………………………（161）

参考文献 …………………………………………………………………（163）

第1章 数字图书馆及其信息化概述

1.1 图书馆信息化发展和数字图书馆定义

1.1.1 图书馆信息化的发展历程

知识经济时代的一个重要推动力量是现代信息技术,其发展迅速或快或慢地影响了各行各业。图书馆行业也不例外,其研究领域更多的和信息技术研究领域相结合,使数字图书馆研究成为热点。

黄宗忠于1988年出版的《图书馆学导论》认为:图书馆学既属于社会科学,又属于应用学科,是社会科学、应用科学、自然科学相互渗透、彼此结合的一门综合性学科。20世纪60年代以前的图书馆管理和检索效率低下,通常利用卡片目录管理馆藏的传统纸本印刷物,读者可以使用的检索工具有限,检索获得的馆藏信息也仅限于书目和少量的摘要信息,那个时代的图书馆在最显眼的位置处是一排排整齐摆放的卡片式目录柜。

20世纪60年代以后,随着计算机技术的发展,图书馆迈入自动化时代,这个时期首先解决的是馆藏管理自动化问题,图书馆不再制作手工卡片和目录,取而代之的是机读目录。1962年,美国加利福尼亚大学和伊利诺伊大学分别应用计算机进行期刊流通管理。1966年,美国国会图书馆开始研发机读目录,并于1969年发布MARC Ⅱ机读目录,随着计算机网络技术的不断发展并趋于成熟,图书馆书目数据处理完全网络化,书目数据库不断发展壮大,目前全球最大的书目数据库是联机计算机图书馆中心(OCLC)。图书馆在采访、编目、流通等方面完全实现了业务自动化,机读目录数据库和二次文献数据库得以开发和维护。图书馆馆藏管理自动化后,也进一步带来了读者使用的便利性和检索效率的提升,用户得以快速通过联机公共目录查询系统(OPAC)查询馆藏,通过联机检索终端查找二次文献。

20世纪90年代以后,计算机网络技术又取得极大的发展,特别是大容量高密度存储技术、高速度高可靠性的网络传输技术的发展,让图书馆具有了处理和传输海量信息资源的能力，图书馆也不再满足于仅仅对馆藏书目数据进行管理，其业务更多地向处理信息资源本身发展下去，从而向读者提供各类数字化馆藏、全文数据库、基于互联网的电子出版物等信息资源服务。自机读目录产生以来，数字图书馆随着技术的进步就自然而然地逐步建立、发展和完善起来。这期间由于数字图书馆的不同发展阶段及图书馆工作者、研究者对数字图书馆的研究方向和研究侧重点的差别，出现了电子图书馆、虚拟图书馆、复合图书馆等概念相近的理解或称谓。

信息技术对传统图书馆的改变十分明显，美国图书馆学家杰西·H. 谢拉认为图书馆已经从印刷读本为主的书籍世界进入了数据为主的信息世界。得益于信息技术带来的强大推动力量，自动化图书馆开始取代原来的传统图书馆，主要特征表现在图书馆信息处理媒介摆脱纸质材料的束缚日益多元化、图书馆内部业务流程和对读者的信息服务流程逐渐摆脱手工整理以及检索方式逐步自动化。自动化的兴起大幅提高了工作和服务效率，呼应了社会迫切的信息化需求。图书馆管理的重点也开始从文献管理升级成信息管理。网络技术的革新和知识经济的兴起使图书馆信息资源的数字化获得、存储、加工和传递工作成为常态和主要业务。在这种状况下，自动化图书馆已不能适应社会公众的需求，智能化技术支撑下的数字图书馆开始崭露头角并发展成一种新的数字化图书馆形态。

美国数字图书馆联盟将数字图书馆定义为一个拥有软硬件、网络与专业人员并能提供信息资源的组织，这种组织将数字化资源以一致性、完整性的方式进行选择、组织、解释、传播等。

20世纪80年代以来，中国图书馆界的业务研究重点开始从传统图书馆向现代图书馆转型和过渡。中国国家图书馆这样定义数字图书馆：为国家信息基础设施提供关键性信息管理技术，同时提供其主要的信息库和资源库，并认为数字图书馆是国家信息基础设施的核心。

1.1.2　数字图书馆的定义和特点

数字图书馆是图书馆信息化建设的高级发展阶段，其研究范围涉及多学科，如图书情报学、信息技术学、数字科学、计算机网络通信学等，是现代计算机信息通信技术发展成果与人类信息需求发展变化相结合的产物，其内涵跟随信息技术的发展发生着相应的变化。从诞生之日一直到现在，图书馆较重要的系统功能之一是保存和利用人类知识文化信息资源，对现有信息资源进行加工、存储、揭示、检索和传递。所不同的是，由于不同时期人类信息技术能力的差异，图书馆表现出不同的建设管理模式以及对读者不同的服务能力和服务效果。从经济关系的供给和需求角度来看，数字图书馆的建设发展就是依托计算机网络技术发展所带来的有效信息资源供给能力，去满足人类日益增长的信息需求的一个历史过程。也就是说，人的信息需求从来都是存在并且不断增长的，只是因为客观环境的限制造成了不同时期的获取方式和效果的差异。图书馆工作者一方面需要有效地对现有数字图书馆的特征加以归纳总结,对数字图书馆的未来发展方向做出正确展望;另一方面需要紧跟技术进步的步伐,为数字图书馆建设规划基础牢固、目标明确、操作性强的技术方案,打好技术基础。

我国一些专家学者也从信息技术的角度阐述了数字图书馆的定义、数字图书馆信息化建设的目标和方向。

赵伟在《数字图书馆研究的历史和现状》中提出:数字图书馆是以数字形式存储和处理信息的图书馆,是将计算机技术、通信技术、微电子技术等合而为一的信息服务系统,主要由数据库管理服务系统、图书馆网络通信系统、数字化的信息资源系统三大部分构成。

徐文伯认为数字图书馆的特点是收藏数字化、操作电脑化、传递网络化、信息存贮自由化、资源共享化和机构连接化,其准确定义应该是超大规模的、分布的、可以跨库检索的海量数字化信息资源库。

孙承鉴认为数字图书馆建设是以统一的标准和规范为基础,以数字化的各种信息为底层,以分布式海量资源库为支撑,以智能检索技术为手段,以电子商务为管理方式,以宽带高速网络为传输通道,将丰富多彩的多媒体资源传递到千家万户。它涉及数字信息资源的生产、加工、存储、检索、传递、保护、利用、归档、剔除等全过程。

1.2 数字图书馆信息化的特征

1.2.1 数字图书馆信息化的意义和主要特征

作为更高级状态的图书馆,数字图书馆同样具有管理和维护馆藏、开展读者信息服务、提供文化休闲场所、保存人类现有知识文化等功能,但是在功能特征上,数字图书馆和传统图书馆有很大的差别。

1. 海量的多媒体信息资源及数字式阅读的物理形态

传统图书馆的馆藏对象是传统的书刊文献信息资源,需要占用一定面积的馆舍资源来保存和管理,馆藏量有物理空间限制带来的容量上限。而数字图书馆的馆藏对象则是随着读者需求不断扩大而建设的网络化的数字信息资源,数字图书馆拥有内容丰富的多媒体数字化信息,增长呈几何级数并且几乎没有容量的上限,数据处理能力由20世纪60年代自动化开始时的KB、MB到GB、TB和PB。这些信息来源于传统出版物数字化或者原始数字出版物,利用互联网技术为读者提供高效、方便的数字式信息资源服务,信息资源的存储介质由传统图书馆的纸质转变为数字化的多媒体文件,如文本、图形图像、音视频、动画等。在物理存储形态上,计算机机房取代了传统图书馆的书库,读者阅读终端取代了书本。

2. 信息资源传播的网络化

不同于传统图书馆书目检索后传递文献信息实体的方式,数字图书馆通过因特网使用超文本技术或者阅读类 APP 传递多媒体信息资源,为各类读者提供网络化信息服务,使得数字图书馆超越时空观念,跨越馆藏信息的地域界限,为读者提供即时的信息文献借阅服务,因此数字图书馆的信息资源服务从时间和地域上比传统图书馆服务更方便快捷,可以实现真正意义上的信息资源共建共享。可见,网络和通信系统建设是提升数字图书馆服务水平的重要技术基础。

3. 资源检索方式的智能化

传统图书馆基于主题词的查询方式移植到数字图书馆中,无法完美适应信息爆炸时代数据资源的查准率和查全率要求。人工智能技术的发展和完善,让使用者无需预先了解和学习各类数据库检索技术,用户通过自然语言和系统进行交互,系统将自动检索用户提供的关键信息并将检索结果系统化、知识化组织起来,最终输出给使用者确切的信息资源。因此图书馆需要构建可以运行在异构平台上的具有统一检索界面的智能化搜索引擎,实现简单易用的交互式智能化多媒体检索功能。在此基础上结合大数据技术还可以进一步提供个性化推荐等精准化信息资源服务。

1.2.2 数字图书馆信息化建设的发展阶段

数字图书馆信息化建设主要包括三个阶段:

1. 以资源建设为中心的阶段

这个阶段的图书馆自动化系统发展迅速,联机网络初步成型,在技术上紧紧围绕信息资源的数字化处理这一核心,重点建设各类数字信息资源库。

2. 以技术应用为中心的阶段

这个时期互联网技术突飞猛进,深入千家万户,人们对互联网信息资源的需求呈爆炸式增长,现代信息技术在数字图书馆建设中全面应用,数字图书馆信息化建设的重点在于各类平台、软件、分布式存取的网络和异构平台互操作、统一查询等技术细节。我国大多数图书馆向数字图书馆的转型正处于这一阶段,该阶段的重点是建设数字图书馆的软硬件基础设施,特点是多种异构平台和应用共用,急需规范性的建设方案。

3. 以用户为中心的阶段

在知识经济到来的时代,当信息大爆炸后,信息资源不再短缺,而是存在某种程度上的泛滥,数字图书馆的建设则会倾向于知识挖掘、整合和传播。这个时期一方面需要完善信息资源和图书馆应用系统开发建设,另一方面要更加贴近用户视角,从用户的角度出发明确信息系统建设规划和用户服务模式之间的关系,加强对用户需求分析、服务目标和模式的研究,构建有利于知识传播与创新的网络体系。

数字图书馆的信息化建设不是一朝一夕就能完成的,人才短缺、资金不足、管理意识不到位等多种原因造成大部分数字图书馆建设很不完善,大多数停留在资源建设比较成熟、信息化系统和应用建设还需完善、以用户为中心还远未实现的阶段。充分了解不同发展阶段的数字图书馆的特征,就能有的放矢地推进数字图书馆的信息化建设。

1.3 数字图书馆信息化建设的主要内容和总体要求

1.3.1 数字图书馆信息化建设的主要内容

数字图书馆的馆藏是数字资源,它本身是由数字"0"和"1"组成的虚拟数字信号,这些数字信号也需要合适的空间来存放和管理,这个空间就是需要重点建设和维护的各类型数字图书馆信息化系统。数字图书馆信息化系统是数字图书馆的技术体系核心和主要建设内容,是计算机网络技术在数字图书馆业务的具体实践,也是图书馆存储、处理和应用数字化信息的基本架构,其目标应该是应用国际先进可靠的计算机网络技术,建设一个开放共享、标准规范、兼容异构平台的信息组织和支撑体系。

数字图书馆信息化系统建设可以分为信息化支撑系统建设和信息化应用系统建设。信息化支撑系统建设包含基础网络设施建设,如有线网、无线网、虚拟网、专线建设等,旨在建立一个业务所达的物理范围内稳定可靠、高速互联的内外网网络环境;中心机房建设则包含场地、机房硬件设备设施(如物理服务器、服务器虚拟化、存储设备)和机房基础软件系统(如操作系统、数据库系统、容灾备份系统等)三大块建设内容,为数字图书馆信息化应用系统提供了基本的软硬件运行环境,保证了数字图书馆的建设、维护和提供丰富稳定的数字资源馆藏。信息化支撑系统工作于信息化应用系统的底层,信息化应用系统的使用者依托于信息化基础设施层开展应用服务。信息化应用系统包含技术支撑平台、数据服务系统、图书馆业务管理系统、云桌面系统、网站系统、移动服务系统、大数据分析系统、读者行为分析系统、RFID系统平台、人工智能服务平台、数字资源服务平台、数字终端服务平台、数字体验服务平台等。信息化应用系统一方面要实现对文本、图形图像、音视频等信息资源进行规范化和数字化采集、加工、保存，对馆藏数字资源进行发布和利用；另一方面需要利用云桌面、物联网、人工智能等先进技术和各业务应用系统，深入开展数字资源浏览及信息咨询等读者服务工作。

1.3.2　数字图书馆信息化建设的总体要求

图书馆必须认识到图书馆信息化建设是一项系统复杂性高、建设周期长且需要很强综合技术能力的工作，很难在短时间内达到建设目的并获得即时效益，为此必须做好以下工作。

1. 数字图书馆信息化建设总体规划是关键

《礼记·中庸》有云："凡事预则立，不预则废。"规划方案需要紧密结合当前本馆数字资源建设、管理和读者服务需求并合理预期未来需求变化，同时数字图书馆信息化系统建设也需要遵循信息产业的普遍规律。众所周知，信息技术领域有三大科学定律：① 摩尔定律指出微处理器性能增强的同时，价格和购置成本却越来越便宜，这就决定了盲目追求先进技术和超标准建设计算能力，能带来短期的成就感，但可能会很快因为技术进步而面临功能和财务的双重损失。所以做好预期管理，留够升级空间的同时，必须坚持信息系统建设的先进性和适用性统一。② 吉尔德定律指出，在未来 25 年，主干网的宽带每 6 个月增加一倍，其增长速度是摩尔定律预测的 CPU 性能增长速度的 3 倍。计算机网络是数字图书馆的运行基础，网络建设天然具有相对长期性和稳定性，一旦建成很难在短期内改变，所以网络建设应该适当超前，当期建成网络条件应该最少满足 5 到 10 年的应用系统需求。③ 麦特卡尔夫定律指出，网络的价值同网络用户数量的平方成正比，也就是说，N 个联结创造出 $N \times N$ 的效益。具体到数字图书馆信息化系统建设就是要紧密围绕读者的需求做文章，不仅要满足现有条件下的读者需求，更需要预计未来技术条件下可能实现的读者需求并开发相对应的信息系统，由点及面不断扩展数字图书馆的读者群，从而提升数字图书馆系统的应用价值。

2. 数字图书馆建设标准和规范是保障

数字图书馆建设是一个全行业、多部门集体参与的事业，标准化工作先行是有效的保障形式。在涉及数字图书馆内容资源格式、编码解码、资源组织、管理形式描述、安全传输有效管理、作品数字版权保护等的全部应用环节加以明确的标准化规范，是实现图书馆界信息资源共建共享、提升数字图书馆建设效益和提高数字图书馆竞争能力的有效保障。另外，数字图书馆建设耗资巨大，标准化工作可以确保统一数字化生产技术工具和研发，保证数字资源建设和传递内容的一致性和格式兼容性，避免重复建设和资源浪费，有利于保证建设资金和人力成本的有效性。

3. 数字图书馆工程项目建设是重点

除新馆建设以外,当前数字图书馆信息系统建设主要以单个信息化项目的方式出现,项目实施效果的好坏不仅直接关系到当期信息系统建设后的运行效果,更关系后续数字图书馆建设的可持续性,因此必须加强本期信息化项目的管理,借助科学系统的方法论和高效的项目管理工作,以最大程度达成项目预期目标。首先,创建质量文档体系是做好项目管理非常重要的环节,项目质量文档是关于信息化项目建设全过程的记录载体,从项目规划开始做的前期项目调研、可行性规划、项目建设的风险和预期效益分析,到项目实施过程中的流程、实施方案和进度控制,再到项目建设完成后的经验总结、运营管理建议和后续升级维护措施等,贯穿整个信息化项目的生命周期,为信息化项目建设提供直观的、可回溯的建设管理信息。其次,做好项目用户沟通是保证项目实施效果的必由之路,只有学会从用户角度考虑问题,才能提升用户的认可度。最后,借助项目建设加速培养一个高效的信息化建设团队,是提升多岗位人才能力的有效途径。一个信息化项目往往涉及信息化建设的多方面内容,不仅涉及支撑系统,也涉及应用系统,在项目实施的过程中,必须做好核心人员所掌握资料的备份工作,将技术或者体系架构掌握在大多数人的手中。

4. 数字图书馆人才培养是长期任务

和教育、卫生等其他社会行业相比,图书馆是一个相对规模较小的行业,其吸引先进信息技术投资的能力有限,而信息技术迭代速度快,先导性的信息技术往往最迟在图书馆行业落地,而在图书馆落地时其往往又快被淘汰了,比如智慧城市建设已经全面铺开了,而智慧图书馆目前还是概念性居多。图书馆员作为一个职业发展平稳、薪资待遇普通的职业,一直对信息化人才的吸引力不强,很难吸引先进技术人才。而人才是数字图书馆建设的灵魂,如果没有适合的人才队伍,则数字图书馆建设无法做到持续稳定发展。数字图书馆建设所需的专业范围广、跨度大,对复合型人才的需求更为迫切,不仅要求信息化人才了解基本的图书馆管理和读者服务运作模式,还要求他们掌握广泛的计算机信息技术专业知识,能够将这些知识融会贯通并用来解决数字图书馆建设中遇到的实际问题。图书馆管理者在平时要注意多开展各类型跨专业和业务融合型的内部培训,定期组织考核,强化专业人才的素质,还要完善相应的激励和表彰制度,在单位内部形成良好的学习氛围。计算机信息化建设人员本身也要加强和相关业务部门之间的沟通交流,了解业务部门的职能和需求,这样才能立足于图书馆的实际状况,更好地开展计算机信息化建设管理工作。

5. 满足数字图书馆的读者需求是目标

在信息大爆炸的时代,信息总量虽然呈几何级数地增加,但这并不意味着读者可获得的有效信息增加了。相反,面对浩如烟海的互联网信息资源,使用者往往不知道如何获取。知识价值只有通过用户的利用才能实现。因此,在读者需求分析基础上建设好数字图书馆信息化系统只是完成了数字图书馆信息化建设的第一步,在此基础上,要通过用户培训、继续教育、活动推广等方式,帮助使用者提高现代信息利用意识和信息检索技能,提升信息综合利用能力,让他们学会和用好数字图书馆信息化建设设备设施。越多的使用者使用数字图书馆设施,数字图书馆就能发挥越大的作用,并在此基础上形成适合本馆的有效的数字图书馆评价体系,同时也会推动数字图书馆的进一步发展。

此外,还必须认识到图书馆信息化建设是一项复杂的、长期的,且具有较强综合性的工作,在短时间内很难达到完善并获得即时效益,需要增加有效的资源投入。只有在全行业甚至全社会的积极参与、共建共享的条件下,才能将图书馆信息化建设提升到与满足人民群众日益增长的信息资源需求相适应的程度。

第 2 章 基础网络设施建设

2.1 网络系统规划总体要求

从广义上讲,计算机网络是指实现远程信息处理或能达到资源共享的系统;或可认为,计算机网络必须是由具有独立功能的计算机组成来实现资源共享的系统;亦可认为,计算机网络系统就是一台超级计算机,其资源丰富、功能强大,用户使用网络就像使用自己的单一计算机一样,无需关心网络的存在和资源的位置信息。

网络系统是数字图书馆开展服务的基础,设计时必须充分考虑网络系统的性能、可靠性及安全性,其核心架构设计也需要考虑当前的需求和未来的可扩展性。其网络干线选择主流的万兆双链路、多路万兆到服务器、千兆到桌面的网络架构,核心层之间互联采用多路万兆或虚拟化连接,形成主干万兆或多万兆带宽,以便提高核心层的可靠性和安全性。核心交换设备选型上要求具备足够的背板处理能力和包转发带宽,以及冗余扩展槽以应对未来硬件和系统的升级。部分关键设备,如服务器集群使用的网络核心交换机,不仅要做到多路到核心,还需做到双机、双引擎冗余设计,杜绝单点故障,提高系统整体可用性。另外,相关设备可通过集群协议,如路由器或者防火墙的集群协议,确保检测到故障后进行快速的故障切换和及时报警处理。

除此之外,网络系统规划初期就应该考虑与现有系统的对接与整合,对网络协议的选择、VLAN 的规模和 IP 地址的规划设计、线路和网络设备命名等进行规范和明确。

2.2 网络系统总体架构设计

网络系统的总体设计和具体实施是一个极其复杂的系统工程,是对网络知识和项目管理知识的一个综合利用过程。明确网络系统的需求、网络系统的设计目标及现有的设备和技术资源后,就可以进行实际的网络设计工作了。网络设计可以细化为逻辑网络设计和物理网络设计。

逻辑网络设计主要考虑物理层设计、网络互连设计、网络拓扑结构设计、网络地址设计、外部接入设计等多个方面。物理层设计的依据主要来自需求分析和通信规范分析;网络互连设计主要考虑网络分段、VLAN策略等几个方面;网络拓扑结构设计是将各种物体的位置标示成抽象位置,常见的有线局域网有总线型、环形、星型、树型和混合型拓扑结构,无线局域网有 Ad-Hoc 对等结构和 infrastructure 结构;网络地址设计应对网络层地址进行规划、管理并编写文档;外部接入设计需考虑与互联网的连接问题,包括提供高速、安全的互联网连接是网络设计中必不可少的环节。

物理网络设计主要就是综合布线系统的设计。这方面的要求可以参考《建筑与建筑群综合布线系统工程设计规范》(GB/T 50311—2000)。

数字图书馆网络总体架构设计在具体建设时通常分为五个区:互联网接入区、核心交换区、办公区、服务器集群接入区及 DMZ 区,如图 2.1 所示。该网络区域划分也会随着数据中心功能、定位和服务不同而有所区分。下面以安徽省图书馆为例展开具体介绍。

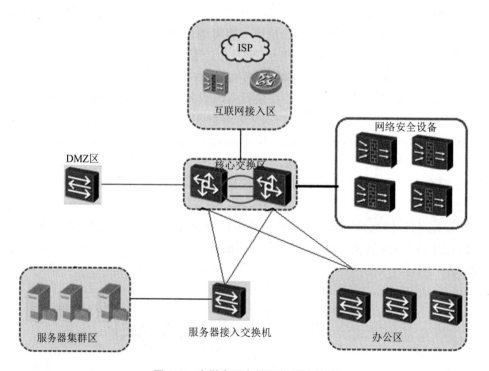

图 2.1　安徽省图书馆网络拓扑简图

1. 互联网接入区

经过 20 多年的信息化建设，安徽省图书馆目前已建成万兆主干网络和千兆到桌面的链路体系。互联网接入网络通过运营商 ISP 链路连接到单位内部的核心主干网上，以便利用高速主干带宽访问内部数据机房服务器。网络设备机房接入网包括多业务光交换平台，利用多种光技术、传输存储协议和数据服务提供超高带宽和超低延迟。截至目前，安徽省图书馆出口带宽 700 M，整个网络通过电信和联通双链路接入互联网。

2. 核心交换区

核心交换区作为整个图书馆数据交换的核心所在，对交换容量和系统可靠性要求最高，所有的服务器、用户接入分别由办公区、服务器集群接入交换机完成，对接口密度没有太高的要求。设计采用 2 台万兆平台核心交换机构建核心交换区，使用 CSS 技术，将 2 台支持集群特性的交换机设备组合在一起，从逻辑上组合成一台整体交换设备，只要保证任意一台核心交换机的一个主控板正常运行，整个核心交换机设备即可正常运行，业务即可稳定运行。采用多条万兆光纤链路捆绑连接，实现多万兆的主干链路带宽。通过跨框 Eth-Trunk，将 2 条光纤链路捆绑连接到办公区和服务器集群区交换机，将不同交换设备上的两个物理以太网端口配置成一个聚合端口。即使其中一个端口出现故障，也不会导致聚合链路完全失效，其他正常工作的成员设备会继续管理和维护剩下的聚合端口。这样既可以增大设备容量，又可以进行设备间的业务备份，增加可靠性。另外，配置若干光纤模块和千兆以太网口用于交换机互联以及连接网络安全设备和网管设备等。同时各配置 2 个大功率电源模块，实现电源模块的冗余备份。

3. 服务器集群区

构建网络中心机房服务器集群区时，根据资源集中利用的设计原则，采用高性能交换机集群接入所有的数据和业务服务器。从可靠性角度考虑，服务器交换机采用双机热备的设计，同时满足极强的背板处理能力和高密度千兆以太网甚至万兆以太网接入能力。另外，单台服务器全部配置双网卡或多网卡，分别连接到 2 台交换机，避免发生服务器网络接入单点故障。针对部分服务器或服务器操作系统不支持双网卡冗余连接的情况，为减少单台服务器或核心交换机发生故障造成单网卡连接服务器全部无法使用的概率，可在每台服务器交换机上配置冗余引擎、冗余电源、冗余接入模块等，以最大程度减少交换机整体宕机造成网络故障的可能性。

除了提供高密度的网络接入，还必须对服务器集群的功能、安全予以充分考虑。根据安全应用需要，采用最新的设计方法，将各种重要的安全智能服务，如防火墙、入侵检测、服务器负载均衡和 SSL 卸载等，直接集成在网络设备上，不必再构建专用的计算平台，以此大大简化中心机房的整体结构。

另外，由于服务器需要通过心跳网卡建立 cluster 系统，为了 cluster 系统的灵活部署，建议独立使用若干小型交换机组建物理上隔离的心跳网络系统。

4. 办公区

办公区也叫办公服务区，其接入网络主要满足工作人员的办公上网需求，属于非业务服务环境。由于全馆办公人员分布较为分散，各个楼层都有，对网络系统性能的要求也不统一。根据网络设备选型原则，建议在每个楼层配置1～2台中档3层接入交换机，配置万兆光纤模块上联和千兆以太网模块接入终端。

另外，如有需要可将服务器网络远程管理卡连接到该网络上，与办公网络分开，避免互相影响。在中心机房内也可能存在一个小型的上线前临时测试环境，做配置修改测试或上线前测试，可以部署在办公接入网上。但必须通过访问控制等方式，避免在测试时产生故障而影响整个业务系统的正常运行。

5. DMZ 区

出于稳定性、可靠性和安全性的考虑，设置了 DMZ 区，也就是对外应用服务区，在此区域内部署的服务器基本搭建了对外应用系统，而对应系统的数据库则部署在内部。DMZ 区前端配置安全设备，预防页面篡改和入侵，并通过应用负载均衡设备虚拟出对外地址，对内则根据并发数自动切换服务器，以提高线路可靠性和应用访问带宽。对内的数据库区必须构建完备的网络安全体系，确保数据中心的安全。

6. 网络安全管理体系

网络安全管理体系的构建以安全策略为核心，以安全技术为支撑，以安全管理为落实手段，并通过安全培训加强所有人的安全意识。在网络安全体系内建立完善的审计制度，保证受到入侵后有证可查，有据可依，并有助于日后建立安全预警系统，抵御各种黑客攻击。使用千兆入侵检测系统和边界防火墙对进入核心网络的所有数据流动进行实时检测；使用千兆应用防火墙 WAF 对进入 DMZ 区的数据访问进行合规性检查；使用认证服务器对数据访问进行统一身份认证；建立网络防病毒系统，为数据中心服务器和办公区用机提供防病毒服务；使用文件补丁分发系统，对客户端操作系统、应用程序等及时提供更新补丁；在服务器集群接入网络部署内网防火墙，对数据中心服务器进行分级保护。

7. 网络管理

网络管理从功能上至少应该包括网络拓扑管理、网络故障管理、网络性能管理、网络配置管理，管理的范围应包括现有网络中所有的网络设备以及重要的业务服务器，网络管理应支持分布式的分级管理模式。

数据中心作为图书馆信息化体系的核心和支撑，在数据中心建设规划初期就必须对项目进行统筹规划、分析和集成，从而形成整体的 IT 管理系统。在实施过程中，数据中心设备需要根据现有的业务系统需求，配置相应的 SNMP 等网管协议。

2.3 有线网建设

2.3.1 有线网定义

我们一般把采用同轴电缆、双绞线或光纤等可见的传输介质连接在一起的计算机和网络设备统称为有线网。

2.3.2 有线网协议

接入网络的计算机系统在进行数据通信时,它们彼此之间必须使用一种双方都能理解的语言,这种计算机与计算机之间的沟通语言我们称之为协议。只有能够表达且可以理解这些语言的计算机才能够在网络上与其他计算机彼此通信。

为了适应局域网的发展,局域网/城域网标准委员会(LMSC)为局域网制定了 IEEE802 一系列标准,IEEE802 曾经有 24 个工作组,但目前活跃的工作组有 7 个,其他工作组要么休眠(3 个),要么解散(14 个)了。具体如下:

(1) IEEE802.1:定义了局域网体系结构以及寻址、网络管理和网络互联。该工作组目前工作活跃。

(2) IEEE802.2:定义了逻辑链路控制层(LLC)的服务与功能。该工作组在 2010 年已被解散,但它为 IEC 制定的标准 ISO/IEC 8802-2-1998 仍然有效。

(3) IEEE802.3:描述 CSMA/CD 总线式介质访问控制协议及相应的物理层规范。该工作组目前工作活跃。

(4) IEEE802.4:描述令牌总线(token bus)式介质访问控制协议及相应的物理层规范。该工作组已被解散。

(5) IEEE802.5:描述令牌环(token ring)式介质访问控制协议及相应的物理层规范。该工作组已被解散。

(6) IEEE802.6:描述城域网(MAN)的介质访问控制协议相应的物理层规范。该工作组已被解散。

(7) IEEE802.7:描述宽带时隙环介质访问控制方法及物理层技术规范。该工作组已被解散。

(8) IEEE802.8:描述光纤网介质访问控制方法及物理层技术规范。该工作组已被解散。

(9) IEEE802.9:描述语音和数据综合局域网技术。该工作组已被解散。

(10) IEEE802.10：描述局域网安全与解密问题。该工作组已被解散。

(11) IEEE802.11：描述无线局域网技术。IEEE802.11协议是唯一明确定义了无线局域网的相关协议。该工作组目前工作活跃。

(12) IEEE802.12：描述用于高速局域网的介质访问方法及相应的物理层规范。该工作组已被解散。

(13) IEEE 802.13：基本上没有使用，该工作组已被解散。

(14) IEEE 802.14：采用线缆调制解调器（cable modem）的交互式电视介质访问控制协议及网络层技术规范。该工作组已被解散。

(15) IEEE 802.15：采用蓝牙技术的无线个人网（wireless personal area networks，WPAN）技术规范。该工作组目前工作活跃。

(16) IEEE 802.16：宽带无线连接工作组，开发2～66 GHz的无线接入系统空中接口。该工作组在2019年进入休眠状态。

(17) IEEE 802.17：弹性分组环（resilient packet ring，RPR）工作组，制定了单性分组环网访问控制协议及有关标准。该工作组已被解散。

(18) IEEE 802.18：宽带无线局域网技术咨询组（radio regulatory）。该工作组目前工作活跃，但不产生标准。

(19) IEEE 802.19：多重虚拟局域网共存（coexistence）技术咨询组。该工作组目前工作活跃。

(20) IEEE 802.20：移动宽带无线接入（mobile broadband wireless access，MBWA）工作组，制定宽带无线接入网的解决。该工作组目前已完成任务，处于休眠状态。

(21) IEEE 802.21：媒介独立换手（media independent handover）。该工作组在2019年进入休眠状态。

(22) IEEE 802.22：无线区域网（wireless regional area network）。该工作组在2019年进入休眠状态。

(23) IEEE 802.23：紧急服务工作组（emergency service work group）。该工作组已被解散。

(24) IEEE 802.24：垂直应用（vertical applications）。该工作组目前工作活跃。

2.3.3 有线网分类

有线局域网的分类，其实是指有线局域网的网络拓扑结构的种类，即通信子网中节点和链路所排列组成的几何图形。在实际应用中，局域网的拓扑结构通常是指局域网的工作节点（即连接到网络上的任何设备，如服务器、工作站以及其他外围设备）在物理上通过可见的通信链路（即传输介质）连接在一起的方式。目前流行和广泛使用的拓扑类型可分为以下几类:总线型拓扑结构、环型拓扑结构、星型拓扑结构和树型拓扑结构。在实际组网时,可根据具体实施环境和要求,选择一种单一的拓扑结构或几种交织在一起的混合拓扑结构。

1. 总线型拓扑(bus topology)结构

通过一根共享的总线将网络中所有的设备都连接上,通信时信息均需通过此条总线进行广播方式的传输。这种结构投资少,安装布线容易,网络中任何节点的故障都不会造成全网的瘫痪,可靠性较高。缺点是当节点数目较多时,容易发生信息拥塞。

2. 环型拓扑(ring topology)结构

指所有设备被连接成环,信息通过该环进行广播式传播。该结构的传输路径固定,无路径选择的问题,实现较简单。缺点是任何节点的故障都会导致全网瘫痪,可靠性较差,网络的管理比较复杂,且相对的投资费用也较高。

3. 星型拓扑(star topology)结构

指网络上各分支节点均需通过一条干线连接到一个中央节点上,中央节点可以同时与其连接的分支节点直接通信,而各分支节点之间的通信必须通过中央节点进行转发。星型拓扑结构简单,建网容易,数据传输速率高,扩展性能良好,配置灵活实用,且网络易于维护和管理。但是星型网络的可靠性依赖于中央节点,中央节点一旦出现故障则全网瘫痪,各个分支节点彼此间也无法通信。

4. 树型拓扑(tree topology)结构

树型拓扑结构是在星形拓扑结构的形式上进行了扩展,是一种倒树形的分级结构,其顶端形象地表现为一棵树的根节点,向下延伸的各分支节点和终端就像树木的各个枝丫和树叶,节点按照层次结构进行连接,信息的交换主要是在彼此相连的两个节点间进行。树型拓扑结构的特点是其结构比较灵活,易于网络扩展,但与星形结构类似,一旦根节点出现瘫痪,则会影响到全网,一个分支上的枢纽节点故障,同样也会造成依赖于该节点的一小段网络故障。树型拓扑结构是大中型局域网常采用的一种拓扑结构。

5. 网状拓扑(net topology)结构

网状拓扑结构可分为一般网状拓扑结构和全连接网状拓扑结构两种。一般网状拓扑结构不分中心节点和根节点,网络中的每个节点至少与其他两个节点直接相连。全连接网状拓扑结构则要求网络中的每个节点都要与其他所有节点单独相连,其最大的特点是拥有强大的容错能力,可靠性极高,任何一个节点瘫痪或故障都不影响其他节点之间的通信,但与之相对应的是组网费用高,布线困难。

2.3.4 有线网建设实例

有线局域网是互联网的最小单元,也是整个网络的基础单元,规划设计好一个高效稳定的局域网将有利于单位业务的开展和今后信息化的可持续发展,那么省级图书馆的基本架构大概包括哪些呢?

省级图书馆的网络拓扑如图 2.2 所示。该组网方式采用二层架构,即核心层、接入层,引入 SDN 理念,通过 SDN 控制器实现设备自动化部署,还可以实现用户、终端的资源分配,用户组的策略定义,提供图形化、先导式的操作方式,能快速上手,确保操作正确,也提供了完全屏蔽底层命令的配置方式。

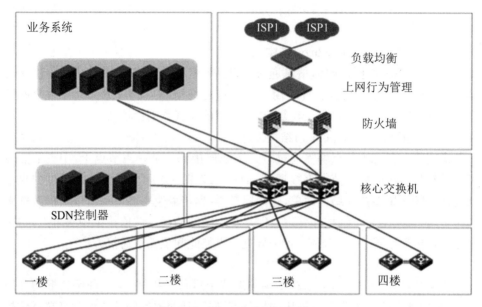

图 2.2　省级图书馆网络拓扑图

部署 SDN 控制器,根据业务需求或信息化体量部署若干台服务器做集群,保证控制器的可靠性。其优点在于:

1. 策略随行、业务保障

可以在任意位置接入,无需改变网络的配置,基于本方案可以做到即插即用,无需关注、修改上层网络的配置。通过 VXLAN 技术将物理网络虚构成多个逻辑网络,各个逻辑网络承载不同的业务,针对不同的业务提供不同的策略,整体上基于各个逻辑网络实现,无需全局配置,整体配置简单,后续业务调整或扩容时无需整网修改。

2. 网随人动

根据识别接入用户或终端类型,可以实现在任意位置接入所具备的网络权限、IP 地址、接入体验均不变。用户在哪里接入,资源就下发到哪里,网络中的资源只对应到接入用户,而不考虑用户的具体地理位置变化。

3. 安全隔离

整网采用 OVERLAY 的技术,天然具备通道隔离能力,不需要全网隔离,整个运维节点大幅减少,运维更简单。每个用户组在 VTEP 节点分配不同的 VRF,VRF 之间在路由层面实现隔离,每个用户在 VRF 内通过 VLAN 映射成不同的 VXLAN,最终实现在通道内通过 VXLAN 传输数据,实现隔离。

4. 自动化部署

（1）快速部署。业务与网络位置解耦,网络规划与设备配置分离,简化业务的管理,提高业务的快速上线能力。

（2）快速恢复。实现整网设备即插即用、故障设备替换即插即用,快速恢复业务,保证业务的连续性,提升运维效率。

（3）一键部署。一键实现终端 IP 分配、权限设定、网络隔离、流量安全路由等,无需繁琐复杂的命令配置,提供快速、直观的业务部署。

如果网络规模并不庞大,也不复杂的话,可以忽略 SDN 控制器的部署,直接将多台核心交换机配置为虚拟化核心交换机。

核心区是整个网络的中心和枢纽,连接着网络内的各个区域,承载了全网内部数据流量和内外交互数据流量,在逻辑上成为可靠性和安全性设计的中心。为保证可靠性,在核心层部署 2 台高性能交换机,通过虚拟化技术提供的虚拟化功能,将 2 台交换机虚拟成一台核心交换机,统一管理,在增大数据流量转发性能、快速故障恢复的同时简化维护和管理难度,在核心交换机上配置防火墙业务板卡,实现内部网络安全防护。

核心层专注于数据转发的稳定可靠,功能配置应尽量简单,并且和网络的具体业务无关。

在本案例中,核心交换机采用集群方式部署。集群交换机系统(cluster switch system,CSS),又被称为集群,是指将多台支持集群特性的交换机组合在一起,从逻辑上组合成一台统一配置和管理的交换设备,如图 2.3 所示。核心层支持使用 CSS2 技术,满足后续新增功能的需求,将两台交换机从逻辑上整合成一台交换机,只要保证任意一框的一个主控板运行正常,多框业务即可稳定运行。

CSS 可将多台交换机虚拟成一台统一管理和配置的虚拟交换机,由此所带来的好处有:

（1）高可靠性。集群系统多台成员设备之间实现冗余备份;集群支持跨设备的链路聚合功能,实现跨设备的链路冗余备份。

（2）简化网络结构和协议部署。集群技术可以将复杂的网络拓扑结构简化为层次分明、互联关系简单的网络结构,网络各层之间通过链路聚合,自然消除环路,不需要再部署 MSTP、VRRP 等协议。

（3）简化配置和管理。集群形成后,多台物理设备虚拟成一台设备,用户可以通过登录集群系统,对集群系统所有成员设备进行统一配置和管理。

（4）实现链路的跨框冗余备份。通过跨框 Eth-Trunk(链路聚合),用户可以将不同成员设备上的物理以太网端口配置成一个聚合端口。即使某些端口所在的设

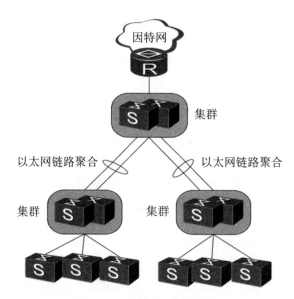

图 2.3　交换机集群示意图

备出现故障,也不会导致聚合链路完全失效,其他正常工作的成员设备会继续管理和维护剩下的聚合端口。这样既可以增大设备容量,又可以进行设备间的业务备份,增加可靠性,如图 2.4 所示。

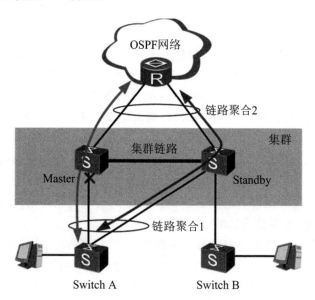

图 2.4　链路的跨框冗余备份示意图

图 2.4 中,Master 和 Standby 组成集群系统;Switch A 连接用户,通过跨框 Eth-Trunk 1 连接集群系统;Switch B 连接用户;集群系统通过跨框 Eth-Trunk 2

接入 OSPF 网络。这样,当某台设备或物理端口发生故障时,业务可以自动切换到另外一台设备上,既可以增大设备容量,又可以进行设备间的备份和链路的跨框冗余备份,增加可靠性。

在各楼层弱电井内根据实际楼层信息点或业务需求部署若干台接入交换机,每两台接入交换机通过万兆电口做堆叠,上行采用 2 条 10 G 链路捆绑并行工作,以提升带宽,同时如果某条链路或设备发生故障,其余链路可以接管流量,保障业务永续。

另外,为保障网络的稳定和高效,主干链路宜采用单模光纤,子线系统采用超六类双绞线。为保障整体的网络安全,还需要考虑安全等设备的部署,我们将在后面的安全案例中详细介绍。

2.4 无线网建设

2.4.1 无线网定义

所谓无线网,这里是按照网络使用的传输介质来区分的,是指无需进行系统布线即可实现计算机等设备之间互联的网络。无线网的适用范围非常广泛,它不但能够替代传统的有线网,而且在传统布线无法解决的环境或行业中,都能够方便地组建网络。同时,在许多方面,无线网比传统的有线网具有更加明显的优势。

我们这里所说的无线网一般指无线局域网,不涉及广义的无线网,如 GPS、激光通信,等等;所谓的无线局域网是指通过红外线、无线电波等无线介质连接的网络。

传统意义上的局域网,其各类网络设备被网络连线所禁锢,无法实现可移动的网络通信。随着便携式计算机等可移动通信工具的广泛应用,计算机网络又面临着新的要求,无线局域网应运而生。无线局域网克服了传统网络的不足,实现了可移动的数据交换,为局域网开辟了一个崭新的技术和应用领域。它的产生真正体现了通信系统的 5W(Whoever, Whenever, Wherever, Whomever 和 Whatever)特点。

2.4.2 无线网标准

无线联网技术基于 IEEE 802.11 标准,该标准主要对网络的物理层和访问层(MAC)进行规定,其中 MAC 层是重点。在 MAC 层以下,IEEE 802.11 规定了三种发送及接收技术：扩频技术、红外技术和窄带技术。根据工作方式的不同，IEEE 802.11 标准支持两种拓扑结构：独立基本服务集网络和扩展服务集网络。

2.4.3 无线网建设应用

随着信息化社会的发展，无线网络应用在越来越多的场景上，小到家庭上网，大到智能城市的打造，随处可见无线网的身影。随着智能终端的普及，公共图书馆作为公众获取信息资源的渠道，其主要的信息载体也由原来的纸质转换为电子。因此，作为图书馆公共服务的延伸，无线网络的全覆盖将大大提升读者使用馆藏资源的体验感。

在满足读者访问无线网络业务、无缝漫游以及人流密集区的高密度接入的同时，对无线接入点（access point，AP）设备的性能和无线管理器吞吐量的管理和调控也是必须重点考虑的。系统可以向来馆读者推送热点图书和新书预告等信息，也可以帮助读者查看当前在馆人流热力图，合理规划路线。同时，管理人员也可通过人流热力图发现当前人流密集处，及时推送各个科室的限流信息，方便读者及时调整来馆计划。

读者初次进入图书馆的无线网络覆盖区域时，用手机或移动电子设备连接服务集标识（SSID）名称为"reader"的无线网络，采用常见的短信认证方式即可完成认证上网。如果是图书馆的在册读者，还可以使用读者证号和密码的方式认证登录，并可享受不限时的上网服务和使用图书馆的公共数字资源。图书馆工作人员可登录 SSID 名称为"worker"的无线网络，使用工号或临时账号登录网络办公或开展业务。另外，还可以设置隐藏的 SSID，以方便管理员使用移动设备登录网络管理和调试设备。

图 2.5 是一个最基础的无线网络拓扑图。从图中可以看出，分布在各个空间的 AP 可以根据空间的大小和建筑的密集程度，选择 FAT AP 或 FIT AP，也可以选择吸顶 AP 或面板 AP，可根据前期的调研和后期实际使用中的人流分析动态调整。

各个相对集中的区域一般需部署区域 POE 交换机，用来为 AP 供电和提供数据上行接口。为了安全和网络整体的性能稳定，还需要在核心交换机和 POE 交换机之间部署一台接入层交换机，方便无线数据流的管理和流量控制。最后就是无线控制器的选择，既可以选择本地转发，也可以选择集中转发。

1. 本地转发的特点

利用 FIT AP 进行本地转发方式组网（图 2.6）可以完全代替集中转发方式的组网。在本地转发方式下，网管、安全、认证、漫游、负载均衡等功能还是由无线控制器统一控制和管理，再由 AP 具体实施；只是应用数据流不通过隧道传送到无线控制器，而是由各 AP 本地直接转发出去。

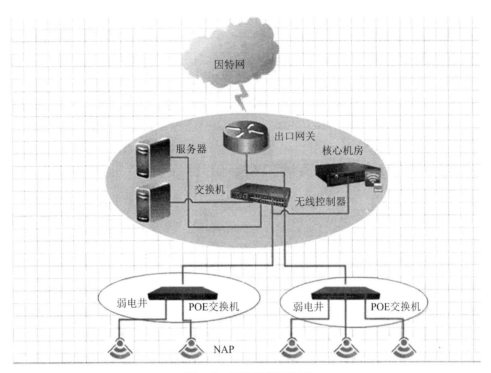

图 2.5 无线网络拓扑图

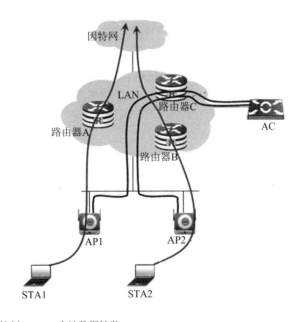

图 2.6 本地转发示意图

此种组网方式的优势主要体现在,将应用数据流转发任务分散到各个FIT AP终端,降低了无线控制器的处理压力,轻松应对带宽挑战,彻底解决了无线控制器的瓶颈问题,提高了网络整体吞吐率,从而顺利迎接11n时代。

对于资金有限或者无线控制器(AC)性能较低的用户,采用本地转发的方式将能提升用户的无线上网速度。

2. 集中转发的特点

集中转发组网如图2.7所示。各终端AP和无线控制器之间单独建立一条隧道传输应用数据流,所有的应用数据流都通过无线控制器转发出去,因此无线控制器的负荷比较大。

在集中转发组网方式下,所有的进出数据包都要走隧道,因此对链路的带宽要求较高,并且对无线控制器接口的带宽要求也较高。由于集中转发的数据包要封装到隧道里再由无线控制器转发走,对无线控制器的CPU消耗比本地转发要大得多。

由于对带宽要求较高,集中转发组网下的无线控制器可管理的终端AP数量也会受到一定限制。这样对于规模较大的网络或者有备份要求的项目,会大大增加其建设成本。

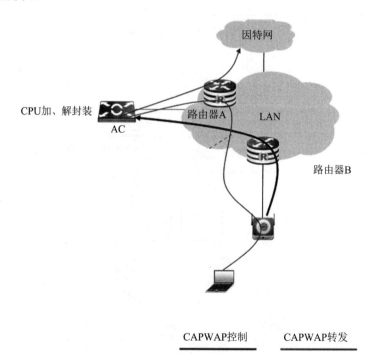

图2.7 集中转发示意图

此外,当隧道转发出现不通或者丢包现象时,查找网络故障的难度比本地转发高。集中转发的优点是对于现网改动较小。

一般在原有局域网已建成且较成熟,难以改动或无法改动现有网络拓扑时,宜采用此种转发方式。但无线控制器必须采购中高档次,即性能高的设备,否则整个无线网络的使用感会很糟糕。

2.4.4 安徽省图书馆无线网建设实例

1. 现状分析

互联网时代,无线网已经成为读者进入馆内活动必不可少的需求。建设馆内无线网不仅可以丰富新媒体下的读者服务内容,也可以与馆内有线网络形成互补,提高图书馆计算机网络的服务能力。

2. 技术实现

建立一个独立的无线网,与原有馆内局域网分开,出口为联通线路;WLAN 网络为千兆以太网,采用 POE 交换机为 AP 集中供电。互联网接入认证 portal 认证服务器通过与图书馆业务自动化系统对接,既可实现读者用账号登录(读者证账号、密码),也可实现短信登录。WLAN 网管平台上设置定时开关射频功能,可以使 AP 在某一时间开启或关闭射频,或者选择性地关闭某一身份认证子网(SSID),可设置定时关闭 POE 交换机的接口,AP 广播多个 SSID,可建立读者服务 SSID、馆员业务 SSID 等,通过不同的 SSID 可以进行流量综合控制。

安徽省图书馆无线网单独架设,楼宇之间用光纤连接,全馆共安装 61 个 AP,无线覆盖东楼、主楼、西楼、西楼地下室部分地区、书库楼部分地区、主楼前广场和书库楼前广场。为避免占用馆有线网络上网带宽,无线网络互联网出口采用联通链路,带宽 300 MB。无线控制器运行状态如图 2.8 所示。

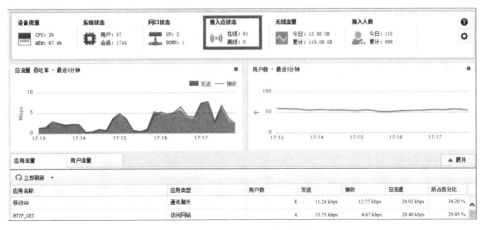

图 2.8 无线控制器运行状态图

（1）SSID 规划。安徽省图书馆无线 SSID 规划，适用群体为图书馆馆员、读者，包括临时到馆读者。

（2）认证方式。安徽省图书馆无线网系统包含如下认证方式(图 2.9)：

① 持有读者证的用户使用现有的读者证账号和密码登录。

② 临时到图书馆的读者(非持读者证的用户)，采用微信认证和短信认证。

③ 图书馆馆员使用自己的工号和密码登录。

用户组流量示意如图 2.10 所示。

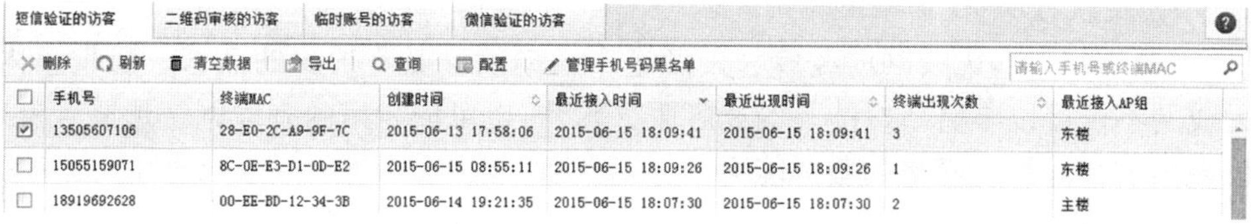

图 2.9　登录用户信息

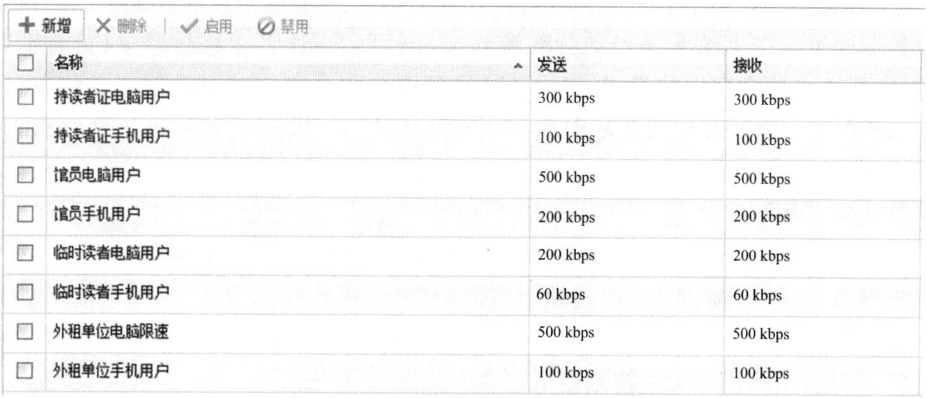

名称	发送	接收
持读者证电脑用户	300 kbps	300 kbps
持读者证手机用户	100 kbps	100 kbps
馆员电脑用户	500 kbps	500 kbps
馆员手机用户	200 kbps	200 kbps
临时读者电脑用户	200 kbps	200 kbps
临时读者手机用户	60 kbps	60 kbps
外租单位电脑限速	500 kbps	500 kbps
外租单位手机用户	100 kbps	100 kbps

图 2.10　用户组流量示意图

（3）IP 地址段规划。根据安徽省网络使用情况，规划 AP、WAC、STA、POE 交换机 IP 地址段。

（4）无线用户安全策略规划。依据公安部令第 82 号针对提供互联网服务的单位要求规划无线用户安全策略(图 2.11)。

安徽省图书馆无线 AP 具备防钓鱼功能，系统会实时根据周边环境对非法接入点进行检测并干扰，对存在的钓鱼接入点(同名 SSID 网络)进行反制，防止用户误连，避免损失。

图 2.11 策略配置图

2.5 虚拟网建设

2.5.1 虚拟网定义和主要协议

虚拟网即 VPN 是在公用网络上建立专用网络,进行加密通信,简单地说,就是利用公用网络架设专用网络,其实质是利用加密技术在公共网络上封装出一个数据通信隧道,通过这条隧道可以实现以点对点专用连接的方式在两台计算机之间发送数据。

VPN 的具体实现采用了隧道技术,将一个局域网的数据封装在隧道中进行传输。VPN 的隧道协议主要有三种:PPTP、L2TP 和 IPSec,其中 PPTP 和 L2TP 协议工作在 OSI 模型的第二层,又称二层隧道协议,IPSec 是第三层隧道协议。其本质区别在于用户的数据包是被封装在哪种隧道协议中传输的。

2.5.2 虚拟网组网技术分类

虚拟网的组网方式是直接影响建设目标能否完成的关键因素。目前实现虚拟专用网的技术有 IPSec VPN、SSL VPN、MPLS VPN 等,下面我们对这三大技术实现虚拟网建设进行分析比较。

1. IPSec VPN

1）定义

IPSec VPN 指采用 IPSec 协议来实现远程接入的一种 VPN 技术，是基于 IPSec 协议族构建的在 IP 层实现的安全虚拟专用网。IPSec 全称为 Internet Protocol Security，是由 Internet Engineering Task Force (IETF) 定义的安全标准框架。IPSec VPN 技术支持在公共网络上为两个或以上的专用网络提供安全通信通道，通过加密通道保证连接的安全，即在两个公共网关间提供私密数据封包服务。

2）主要特性

为了使公用网络上的两点能够进行信息通信，而且这个通信也不希望被公网的其他节点获取，IPSec VPN 在 IP 传输上通过加密隧道，保证在 IP 公网上传输数据的安全性，从而实现在公用网络的两端能够进行语音、视频等数据的互通，就像是逻辑上的局域网一样。主要优点如下：

① 经济性。用户无需花费昂贵的专线链路租用费，只需接入互联网，利用现有带宽，用 Internet 骨干网传输。无需花费资金来做日常的维护，并且 VPN 设备的造价相对低廉。

② 灵活性。目前接入互联网的方式和途径也是比较多的，因此一个 IPSec VPN 网络可以连接任意地点的多个分支机构和终端。

③ 多业务能力。IPSec VPN 是将互联网上的终端虚拟成一个逻辑局域网，因此在局域网内可以传输的语音、视频等数据同样可以传递到远端的分支机构和移动用户，极大地满足了现代化办公的需要及其他的数据需求。

④ 安全性。保证数据的安全是 IPSec VPN 的显著特点和根本所在。不同的 VPN 设备都具有私有协议和加密方式，而且也支持共有的通道协议和数据加、解密方法。不同的设备通过相互授权和协商等多种方式保证彼此间数据的通信安全，另外有些设备还提供了内置防火墙的功能，可以在 VPN 通道之外，对流经公网和专用网之间的数据进行实时监测和过滤。

⑤ 冗余设计。目前市面上大多数 VPN 设备都提供冗余机制，包括电源冗余和链路冗余等。这样的设计类似于网络设备的安全机制，以此来保证链路和设备的可靠性。

⑥ 通道分离。VPN 设备的该特性为客户端提供了同时访问互联网和专用网的技术支持。通过设置用户的访问权限，在安全的条件下实现用户合理方便地使用网络资源。

⑦ 支持动态、静态的路由协议。大多数 VPN 设备可以通过配置 RIP 和 OSPF 等路由协议来充当路由器的功能。在逻辑局域网规模不断扩大的背景下，这一功能尤为实用，并且通过路由协议可以安全地在加密隧道中进行传输。

3）适用范围

① 点到点的通信。移动用户或者分支机构不论是在互联网的什么位置，都可通过 IPSec VPN 组建虚拟专用网，在逻辑上形成一个内部专用局域网络，其网络内部的数据传输是透明、高效、安全、稳定和可靠的。

② 专业人员和科研需要。专业人员可以根据具体的需求，通过终端设备接入互联网，再通过 IPSec VPN 接到研究工作所需要的内部网络，在分配相应的权限后，可以在互联网上使用内部网络的各种应用和服务来开展工作。

③ 网络管理。IPSec VPN 是端到端的组网技术，从经济建设方面考虑，只需要互通的终端或购买一台 IPSec VPN 设备即可打通 VPN 隧道，建立连接，组建虚拟网。因此，对于各个级别的图书馆来说，不论是县级图书馆还是省级图书馆，亦或是国家图书馆，只要能够解决 IPSec VPN 的隧道对接技术，就可以在不更改各地图书馆原有网络拓扑的情况下完成虚拟网的组建工作。另外，通过配置 VPN 设备的 NAT 转换功能，各连接终端的 IP 地址冲突带来的防火墙穿越问题也能够被很好地解决。

2. SSL VPN

1）定义

SSL VPN 指采用 SSL 协议来加密 IP 数据链路实现远程接入的一种新型 VPN 技术。由于 SSL 协议广泛内置于 IE 等各种浏览器中，使用 SSL 协议进行认证和数据加密的 SSL VPN 具有部署简单、无客户端、维护成本低、网络适应性强等特点。高质量的 SSL VPN 解决方案可保证用户进行安全的全局访问。在客户端和服务器连接的过程中，SSL VPN 网关有不可替代的作用。

SSL VPN 是解决远程用户通过互联网访问内部局域网最安全的解决方案。SSL 通过相对简易的方法实现信息远程连通，任何接入互联网的终端设备只需安装浏览器就都可以使用 SSL VPN，这是因为 SSL 内嵌在浏览器中，它不需要像传统 IPSec VPN 那样必须为每一台接入客户机安装独立的客户端软件。

2）主要协议

SSL 协议是网景公司于 1994 年提出的一个网络安全通信协议，是一种在两台机器之间提供安全通道的协议。它具有保护传输数据以及识别通信机器的功能。SSL 最初是通过加密 HTTP 连接为 Web 浏览器提供安全而引入的。

SSL 在 TCP 上提供一种通用的通道安全机制，任何可以在 TCP 上承载的协议都能够使用 SSL 加以保护。在 TCP 或 IP 四层协议族中，SSL 协议位于传输层与应用层之间，基于 TCP 传输，为各种应用协议提供最基本的安全服务。如 HTTP 在 SSL 协议上运行被称作 HTTPS 协议，对应的端口号为 443。应用程序消息被分割成数据块的同时产生 MAC 信息，然后再加密并插入新报头，最后在 TCP 中传输；收到的数据在接收端进行解密，做身份验证（MAC 认证）、解压缩、重组数据报，最后提交给应用协议进行处理。

3）应用

SSL VPN 是面向终端的无客户端接入技术，提供基于应用层的访问控制，因此它更适合大量分散的移动用户或希望通过互联网接入的远程技术服务用户，例如图书馆的读者可以通过 SSL VPN 技术来享受图书馆的数字化服务。具体应用如下：

① 远程访问内网 B/S 架构的服务器、邮件服务器等。SSL VPN 广泛的适用性和使用的方便性使其成为这类业务的最佳选择。

② 专用信息资源的访问。很多信息资源规定只有在局域网内部才有权限访问，如需要付费的数据库、电子图书和硕博论文等，对用户需提供个性化的服务和管理。SSL VPN 极强的可控制性恰恰可以很好地提供此类服务。

选择 VPN 是为了支持远程访问内部网络的应用，这是最先需要考虑的一点。目前，大多数 SSL VPN 都兼容大部分日常使用的邮件系统、OA 系统、CRM/ERP 等，但并不是所有，如动态端口的应用就只有部分 SSL VPN 能够支持。这当中必须注意传输过程的安全，包括用户身份的验证、客户端设备的安全、服务端日志跟踪及访问后清除客户端缓存，必须做到这几点才能在保证传输过程安全的同时，提高系统安全性，构建系统安全。

3. MPLS VPN

1）定义

MPLS VPN 是指采用多协议标记转换（MPLS）技术在公用 IP 网络上构建一个企业或单位的逻辑 IP 专网，实现跨地区、安全、高速、可靠的数据、语音、图像等多业务通信，并结合差别服务、流量工程等相关技术，将公用网可靠的性能、良好的扩展性、丰富的功能与专用网的安全灵活，高效地结合在一起。MPLS VPN 支持网内所有终端之间的全互联通信。

MPLS VPN 利用标记将所需传送的数据传送到指定终端，其标记是基于 VPN 地址标记中的 VPN 标识符，可以区分不同数据以便送往特定的 VPN。

2）主要特点

① 优点。MPLS VPN 能够利用互联网的骨干网带宽优势，降低建设方内部网络的建设成本，极大提高了用户维护和管理的灵活性，同时也能够满足用户对私有信息传输的安全性、实时性、方便性和稳定性的需求。MPLS VPN 由于在局域网内部使用标签转换，各个终端用户都可以使用重复的 IP 地址，这样极大地提高了 IP 资源的利用率，标签交换使得每一跳的地址搜索时间得以缩减，提高了数据传输速率和网络速率。MPLS VPN 是第三层的智能 VPN，具有很强的灵活性和可扩展性，可以制定特殊的控制策略，满足不同用户的特殊需求。标签交换转发技术可以使基于 MPLS 的 VPN 具有专用性、安全性和数据传输的高速度。

MPLS 的 LSP 具有与帧中继和 ATM 虚通道连接类似的高可靠安全性。用户可以根据自己不同的业务需求，通过在 CE 侧的配置来赋予不同的 QoS 等级，既保证了网络的服务质量,又降低了用户的费用。

MPLS VPN 不仅满足 VPN 用户对安全性的要求,还减少了网络运营商和用户方的工作量,因此 MPLS VPN 便于实现三网合一,即在同一网络平台上实现基于 IP 的数据、语音和视频的远程通信。

② 缺点。在安全性方面,MPLS VPN 并没有解决共享网络普遍存在的安全隐患,且在传输数据时,对数据本身并不加密而是明文传输。在链路接入方面,MPLS VPN 往往是由单一的运营商提供服务的,跨运营商的连接通常比较麻烦,不同运营商提供的 MPLS 服务彼此难以互联互通,因此在跨地域的接入方面实现难度非常大。

3) 组网技术应用领域

MPLS VPN 一般运行在运营商的骨干网或者远程互联的大中型企业专用网络上。最典型的应用就是中国网络通信有限公司建成的国内带宽最大的高速互联网 CNCnet。MPLS VPN 虽然能满足站点到站点的组网需求,但在经济性方面要求较高,因而不适用于图书馆行业组网要求。

2.5.3 虚拟网建设实例

截至 2021 年 12 月,安徽省已有 47 家县级图书馆与安徽省图书馆实现虚拟网联通,联通虚拟网的双方可以实现数字资源共享,同时在覆盖全国的数字图书馆推广工程虚拟网建设过程中,各个馆点之间实现技术共建。以县图书馆为例,省图书馆与县图书馆通过 VPN 设备建立虚拟专用网络连接,通过防火墙地址转换的方式规避两馆间内网 IP 地址冲突,实现从县图书馆通过虚拟网对省图书馆内部资源服务器和外购数据库资源进行访问。

实施步骤如下:县图书馆访问资源时,通过对目标地址的解析确定访问路径,若访问的是虚拟网资源,则通过 IPSec VPN 通道来获取省图书馆资源(包括省图书馆自建资源和外购资源),反之则仍按照原有路径进行访问。图 2.12 展示了资源数据传输流向,要实现对虚拟网中双方多种资源的有效访问,需要完成如下连接调试步骤:

① 使用 VPN 设备建立省图书馆到县图书馆的 VPN 隧道。
② 使用防火墙地址转换,规避两馆间内网 IP 地址冲突。
③ 实现内网资源服务器访问。
④ 实现静态 IP 外购数据库资源访问。
⑤ 实现动态 IP 外购数据库资源访问。

省图书馆内网资源服务器仅对省图书馆内网用户开放,外网用户无法对其进行访问。省图书馆通过虚拟网设备进行地址转换,将内网服务器地址转换成虚拟网地址,县图书馆用户在访问该资源时,点击转换之后的地址,便可以通过虚拟网

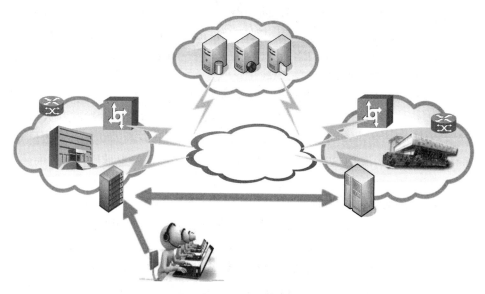

图 2.12　县图书馆读者访问省图书馆数字资源

隧道进行数据传输,实现对内网服务器资源的访问。

另外省图书馆有很多外购资源数据库,这些数据库服务器不设置在省图书馆内网,因此,需要识别省图书馆登录在该数据库上面的公网地址才能实现访问。这一类数据库分两种情况:一是静态 IP 资源。省图书馆将其公网地址转换为虚拟网地址,县图书馆在访问该资源时,直接访问转换后的地址便可以通过虚拟网隧道进行传输,该请求在省图书馆防火墙转换成该资源登记的公网地址,并且从国家图书馆网络出去访问该资源,最终实现外购数据库的访问;二是动态 IP 资源。大部分的数据库厂商提供的资源是动态 IP 地址展示的,对于这一类型的资源,仅用 IP 地址转换的方式是无法实现资源访问的。这是由于每次访问某一资源时,解析的 IP 地址均可能发生变化,无法确认转换前的地址,导致访问不能建立。对于这一类型的资源,采用强制路由的方式实现。首先找到某一资源对应的 IP 地址,一般来说,是几段地址,在县图书馆的核心交换机上配置路由,凡是访问这几段 IP 地址的请求全部指向县图书馆 VPN 设备,然后再通过与省图书馆建立的 VPN 隧道,进行数据的传输,实现资源的访问。县图书馆到馆读者仍通过资源的域名来访问某一资源,而不是通过虚拟网 IP 地址。

2.6 专线建设

2.6.1 专网的定义

这里所说的专网,是公用网中的一类。公用网又叫公共通信网络,是广域网中用于连接各局域网的部分。公用网的种类比较多,基本上可以分为三大类:电路交换网、分组交换网以及属于专用线路连接的通信网。

2.6.2 专网的分类

专网实现的技术复杂多样,优缺点也各异,选择哪种技术作为组网核心技术,是数字图书馆专网建设的一个关键问题。目前,较为主流的专网实现技术有 SDH、WDM、OTN、PTN。

SDH 即同步数字体系技术,以同步传送模块(STM-1,155 Mbps)为基本单元。SDH 具有良好的稳定性,10 Gbps 的高速率以及高质量、高可靠性的传输通道等。

WDM 即波分复用技术。WDM 具有超高的系统容量和资源利用率,结构简单,信息传送透明。WDM 是作用于光层的技术,没有电层的处理,灵活性稍差。

OTN 概念最早由 ITU-T 于 1998 年提出,OTN 具有强大的电层交叉能力、良好的运维管理能力以及快速、可靠的大颗粒业务保护能力。但目前 OTN 设备还存在一些交叉容量偏小、网络智能化不足等不尽如人意的地方。

PTN 即分组传送网技术。PTN 具有灵活的组网调度、较强的 OAM 能力以及快速保护等优点。多适用于小颗粒 IP 业务的灵活接入、业务的汇聚收敛,而不擅长大量的大颗粒业务的传送。

综合业务数字网(ISDN)是一个数字电话网络国际标准。它是在综合数字电话网的基础上发展起来的,用单一网络提供不同类型的业务,如各种电话和非电话业务,并提供开放的标准接口。经历了几十年的发展,先后出现了窄带综合业务数字网(N-ISDN)和宽带综合业务数字网(B-ISDN)。

数字数据网(DDN)是一个透明的利用数字信道传输数据的通信网,它能提供点到点及点到多点的数字专线或专网。

同步数字系列(SDH)网络是一种将复接、线路传输及交换功能融为一体,并由统一网管系统操作的综合信息传送网络,它源于美国贝尔通信研究所提出的采用一整套分等级的校准数字传递结构组成的同步光纤网络(SONET)。

基于 SDH 技术的多业务传送平台(MSTP),是将传统的 SDH 复用器、数字交叉链接器(DXC)、WDM 终端、网络二层交换机和 IP 边缘路由器等多个独立的设备集成为一个网络设备,进行统一控制和管理。

波分复用(WDM)是将两种或多种不同波长的光载波信号(携带各种信息)在发送端经复用器(亦称合波器,multiplexer)汇合在一起,并耦合到光线路的同一根光纤中进行传输的技术;在接收端,经解复用器(亦称分波器或去复用器,demultiplexer)将各种波长的光载波分离,然后由光接收机做进一步处理以恢复原信号。这种在同一根光纤中同时传输两个或众多不同波长光信号的技术,称为波分复用。

2.6.3 专网建设要求

1. 高可靠性要求

数字图书馆专网组网技术需要具备高可靠性,达到低延迟、低抖动和低丢包,从而满足数字图书馆推广工程各业务系统的数据传输要求。

2. 实用性要求

数字图书馆专网建设应充分考虑实际需求和费用,具有高性价比。

3. 安全性要求

数字图书馆专网建设应统一考虑网络安全策略,整体考虑专网的安全性。通过区域安全控制和边界安全策略等提供可靠的数字图书馆服务。

4. 可扩展性要求

根据未来应用的增长和变化,数字图书馆专网组网应可以平滑地扩充和升级。

5. 灵活性要求

数字图书馆专网组网技术应支持 IPv4 和 IPv6 的大型动态路由协议,如 IS-IS、BGP、OSPFv3 等,支持策略路由功能,保证网络之间的平滑连接。

6. 技术先进性要求

数字图书馆专网应尽可能采用业界成熟先进的技术,如 SSL VPN 和 MPLS VPN 等,以满足安全与服务质量的要求。

2.6.4 技术选择

数字图书馆专网组网技术以先进、成熟的网络通信技术进行设计及实施,相关的技术均要符合国际标准。

为突破数字图书馆推广工程虚拟网的瓶颈,数字图书馆专网应运而生,在带宽、可靠性、技术先进性等诸多方面都提出了更高的要求。SDH 在安全性、可靠性和多业务接入能力上有明显优势,因此 SDH 更适合作为高品质的大客户专线承载技术;IP/PTN 技术等的统计复用实际上是将不同来源的专线业务进行管道带宽共享,造成不同客户的业务会在同一个管道中混合传输,无法保证专线专用的基本要求。因此,数字图书馆专网采用 SDH 技术。

2.6.5 专网建设实例

1. 安徽省图书馆专网建设情况

1) 现状分析

2013 年,数字图书馆推广工程全面启动了专网建设,国家图书馆与各省骨干网络已经联通。由于以前采用的是 VPN 的方式连接省级馆,受各省级馆带宽和网络硬件设备影响较大。国家图书馆根据各地反馈专网建设需求,分批实现了省馆局域网与国家馆专网的对接工作。

2) 技术实现

安徽省图书馆积极响应国家图书馆的专网建设要求,积极沟通省馆的网络拓扑情况。2014 年 5 月,联通公司开始铺设直接到省馆中心机房的光纤,并调试切割光纤传输设备,至此与国家图书馆的 155 M 光纤设施配设到位;2014 年 6 月,安徽省图书馆接收了由国家图书馆免费提供的华为路由器 AR2200 一台和单模光模块一个;2014 年 7 月,根据安徽省图书馆网络拓扑结构和网络设备情况,针对现有核心路由器、主交换机和防火墙进行配置调整;在国家图书馆、安徽省图书馆、联通公司的三方联合调试下,于 2014 年 8 月 1 日完成光纤链路的测试工作。

主要配置步骤如下:

① 国家图书馆通过联通提供的 SDH 155 M 点对点专线连接起来。整个专线上提供专享接入。

② 国家图书馆在核心节点部署华为 Eudemon 防火墙,进行策略限制。

③ 安徽省图书馆在接入侧部署华为 AR2200 路由器。路由器上进行 NAT 配置,保证数据的访问满足国家图书馆的网段规划。同时路由器也提供一对一 NAT 映射,将安徽省图书馆的资源提供给国家图书馆访问。

④ 省图书馆的 AR2200 路由器内网口接入安徽省图书馆的内网防火墙。这样可以保证省图书馆自身的安全,防止专网的异常数据进入省图书馆。

3) 应用效果

随着安徽省图书馆与国家图书馆专网的联通,实现了在安徽省图书馆馆内访问使用国家图书馆数字资源:包括 100 余万册中外文图书、700 余种中外文期刊、200 余种中文报纸、7 万余个教学课件、1 万余种图片、18 万余份档案全文、10 万余首音乐以及 3000 余种讲座和地方戏曲等视频资源。读者可在电子阅览室和信息咨询部享受到国家数字图书馆丰富的数字资源。

2. 市县级图书馆专网建设情况

1) 现状分析

为了更好地满足人民群众日益增长的文化需求,贯彻执行《国家"十三五"时期文化发展改革规划纲要》强调的"增强发展协调性,必须坚持区域协同、城乡一体协调发展"的要求,打通推广工程资源服务的"最后一公里",并根据中共中央办公厅、国务院办公厅印发的《关于加快构建现代公共文化服务体系的意见》精神,构建标准统一、互联互通的公共数字文化服务网络,在基层实现共建共享。2016~2020年,安徽省经省厅公文处同意并报文化部公共文化发展中心批准,已有47个县级图书馆(金寨县、岳西县、歙县、凤阳县、阜南县、泗县、寿县等)实施了"基层图书馆互联互通建设"项目。

2) 建设内容

安徽省图书馆通过155 MB的联通专线接入国家图书馆,现采用国家馆—省级馆—县级馆三级网络拓扑结构(图2.13)实现互联互通项目建设。基层图书馆互联互通建设主要是为了实现县级图书馆接入国家数字图书馆网络体系。

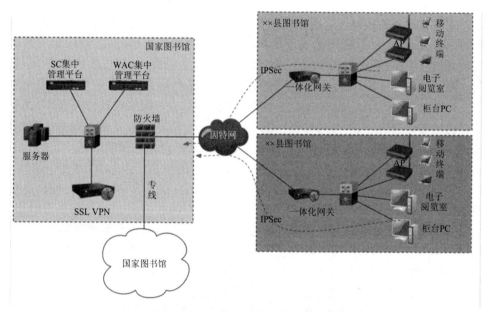

图 2.13 安徽省基层图书馆互联互通建设拓扑图

① 实现各县图书馆到省图书馆的安全接入并进行统一管理及监控,同时保证网络的稳定性,以及用户的使用体验。

② 实现各基层图书馆的工作人员及读者无线连接互联网。

③ 实现安全无线接入,让不同的SSID分配给不同身份的人,区分内部职工和外来访客,并提供多种安全易用的认证方式,如职工账户登录、终端绑定等,杜绝越权访问现象出现。

④ 保障内部数据传输的办公安全,确保数据和业务安全;并采用有效的无线安全解决方案来作双重保障,需具备企业级防火墙与通信隧道加密的能力。

⑤ 对连接WLAN的人员的上网行为进行管理,提高员工的办公效率,避免网

络资源浪费,防止单位机密数据泄露以及内部人员通过互联网从事非法交易活动。核心无线网络的应用流量优先用来保证带宽。

3) 应用效果

通过基层图书馆互联互通建设,实现在具备网络安全保障的前提下,统一认证、统一访问国家图书馆、安徽省图书馆数字资源及互联网。数字图书馆推广工程建设成果面向全国基层深度服务推广,提升区域性数字图书馆服务能力,更好地满足基层人民群众日益增长的文化需求。

4) 泗县图书馆互联互通项目建设实例

为实现基层图书馆互联互通,基层图书馆通过深信服上网行为管理 AC-1400 的 VPN 功能与安徽省图书馆建立 IPSec VPN 隧道,泗县图书馆通过隧道访问省图书馆的数字资源;按需启用 AC 的上网认证实现准入功能、审计各种上网行为、通过流控功能对流量进行控制、限制不必要的流量占用带宽等。

通过信锐无线控制器智能管控信锐 NAP-3600,按需启用微信认证功能。

通过信锐 NAP-3600 的智能无线功能为基层图书馆覆盖更全面的无线信号,方便读者接入基层图书馆网络中。

通过信锐 SW-5024 POE 供电交换机(以下简称 SW)对安装点没有电源接入的 AP 进行供电支持,并担当馆内 AP 互联内网的中转设备。

通过专线与国家图书馆互联,县图书馆即可访问国家图书馆的资源。

3. 安徽省图书馆 VPN 与国家图书馆专线认证结果

安徽省图书馆 VPN 与国家图书馆专线认证截图分别如图 2.14、图 2.15 所示。

图 2.14 安徽省图书馆 VPN 认证截图

图 2.15　国家图书馆专线认证截图

第3章 数字图书馆中心机房环境建设

3.1 数字图书馆中心机房建设意义与原则

3.1.1 机房建设的意义和标准

数字图书馆采用现代化的计算机设施设备,有重点地收藏和长期保存本省数字信息,建构数字资源采集、加工、保存的技术支撑平台,并通过网络向全省、全国以及全球提供数字信息服务,展示本地文化,实现馆藏资源的共享。

计算机机房的设计工程实施要体现科学性,即要严格按照国家现有的规范标准进行设计。此外,机房的设计要从生产流程的系统性来考虑,现代化机房不只是一个简单的计算机摆放场所,而是由供配电系统、综合监控系统、独立空气调节系统、消防保安系统、地线系统、结构装饰系统、防静电系统等十多个系统组成的综合体,各系统均不是相互隔离的,而是密切关联的。为了保证机房主机、网络等设备稳定、可靠、安全地运行,一定要考虑机房的系统性。

3.1.2 主要原则

依据国家以及财政系统有关标准,充分利用、整合现有资源,按照"先进实用、利旧节约、绿色环保、延伸发展"的总体原则实施。在机房设计、建设过程中应充分考虑运行维护的方便性,并能有效降低机房运行及维护成本。具体原则如下:

(1) 可扩展性。满足现有的业务服务需求和信息化关键应用发展需求。

(2) 高可用性。配电系统、UPS、制冷系统、综合布线系统等都需要支持7×24小时不间断服务。

(3) 可管理性。需要完善的机房监控系统和智能化设备管理系统,监测机房实时运行情况,简化机房人员的维护工作,为机房的安全运行提供有力保障。

(4) 绿色环保节能。改造中考虑绿色节能设备和方法,降低能耗。

（5）利旧性和国产化。改造中利用现有的设备设施，并采用国产化设备设施，确保机房设备设施使用安全。

（6）模块化。装修装饰、制冷系统、UPS系统、照明系统等各方面都要能支持中心机房模块化增长的需要。

3.1.3 中心机房环境建设

计算机机房工程是一项涉及空调暖通技术、配电技术、自动检测与控制技术、计算机网络技术、抗干扰技术、综合布线技术、净化、消防、建筑、装潢等多种专业的综合性工程，具体包括装修工程、供配电工程、防雷接地工程、综合布线工程和气体消防工程、保安系统工程等。根据国家有关标准、规定以及中心机房建设项目提出的要求，中心机房装修按国标B级机房标准设计。涉及范围包括：

（1）机房的平面布局。
（2）机房结构装饰装修。
（3）机房配电系统。
（4）机房照明系统及应急照明系统。
（5）机房空调系统。
（6）机房新风系统。
（7）机房火灾报警系统。
（8）机房气体消防系统。
（9）机房门禁管理系统。
（10）UPS电源系统及承重。
（11）机房防雷接地系统。
（12）机房环境监控系统。
（13）机房布线系统。
（14）机房机柜、PDU、KVM等设备。
（15）机房大屏显示系统。

3.2 机房的生命周期管理

机房从规划设计、建设实施、投产运营到经济寿命结束的全过程，称为机房的生命周期。机房的生命周期管理，就是指在此生命周期内对场地基础设施的全面管理和服务。

为保障好数字图书馆信息化机房的正常运转以及长久的生命周期，让图书馆信息化机房在整个较长的生命周期内高效、可靠地运行,就需要我们了解信息化机房在生命周期内的各个情况、各周期内的主要作用以及各阶段之间是否相互影响。下面来介绍公共图书馆机房生命周期的几个阶段。

1. 信息化机房初步规划阶段

在这个初步规划阶段中,要规划好机房的几个重要参数,如机房容量、关键程度、机房发展规划、机房预算等,同时邀请专业的机房建造者参与,避免后期产生问题。

2. 信息化机房设计阶段

设计阶段就是将初步规划阶段的想法转化为详细的设计和施工文件,同时还要细心挑选好机房工程设计公司。该阶段是项目实施的关键,后续的构建都要参照设计来进行,因此这也是机房信息化建设最重要的阶段之一。

3. 信息化机房构建阶段

这个阶段要在选定地址开工,并根据上一设计阶段的文件来建造,需要审核拟定的工程变更通知单,决定其是否可行,并定期主持过程及质量评估。

4. 信息化机房运行阶段

运行阶段需要为 IT 设备提供安置场所,并提供供电、制冷和保护,确保机房设备和电脑管理系统(机房监控系统)相互连接、有效运行并得到有效维护。

5. 信息化机房评估阶段

在信息化机房评估阶段,主要监控绩效使运营者持续评估物理基础设施的表现,获取有用的可操作信息,评估机房是否存在哪些不足的问题,同时需要定期制作评估报告。

3.3 机房选址原则

为保证中心机房内服务器及各种设备能够持续、安全地运行,我国的《电子信息机房设计规范》(GB 50174—2008)和数据中心电信基础设施标准(TIA—942—2005),对中心机房用地选址提出了包括自然环境和社会环境两个方面的要求。

1. 自然环境标准

(1) 区位条件。要求远离危险区域,同时还需额外考虑在意外情况下的安全防护问题。

(2) 地形地势。要求地势平坦、排水良好、无挡土墙、无沙土崩塌危险。

(3) 地质条件。要求地基坚固、无活动断裂带,地震危险度低、接地电阻值高。

(4) 气象条件。要求远离空气污染地区,远离经常落雷地区,年间温差较小,没有大雨等引起洪水的可能性。

2. 社会环境标准

（1）城市基础设施。要求水源充足，电力供应稳定可靠，交通、通信方便。

（2）周边建筑环境。要求远离产生粉尘、油烟、有害气体以及生产或储存具有腐蚀性、易燃、易爆物品的工厂、仓库、堆场等；远离容易引起火灾的建筑和设施；远离强振源和强噪声源，避开强电磁场干扰；地下土壤无污染，无障碍物。

3. 选址形状规整，有效利用面积大

（1）选址的形状应较为规整，最好是正方形或长宽差异不大的长方形，此类形状的有效利用面积大，对建筑设计的要求较低，空间有效利用率高，有利于开发建设。

（2）选址用地应尽量避免选择如三角形、条形和拐角形等形状的地块，此类地块形状不规则，建筑退线后有效利用面积较小，对建筑设计要求高，不利于开发建设。

4. 选址位置应尽量靠近供电电源

中心机房属于高能耗设施，用电负荷必须持续稳定，因此其选址位置应位于能源充裕地区，尽量靠近高压供电电源（110 kV 或 220 kV 变电站），供电电源需有充裕的供电余量。

3.4　机房功能分区

（1）根据图书馆中心机房建设项目有关要求，可将机房分成如下功能区间：

① 主机室。该区系全大楼各种业务数据交换处理运行区域，是本计算机网络系统的心脏部分，其环境要求较高。该区应安放空调器，并确保主机房的温度、湿度和洁净度满足要求。

② 电源室。该区系确保主机系统正常运行的供电设备的安放区域，用于确保机房区域的电气线路运行正常，确保机房区域供配电质量。

③ 工作区。该区系管理及操作人员对计算机硬件及语音通信系统进行管理、操作、维修的区域。

（2）根据系统运行特点，合理布置工作空间：

① 主机室设置在机房里端的位置，有利于确保机房区域的电气线路布局合理及空气调节设备的正常运行，确保机房区域环境质量。

② 电源区设置在机房里端的位置，有利于确保机房区域的电气线路布局合理。

③ 从机房的工艺流程考虑，将工作区设置在机房外端，便于维护工作人员进入调整、维护、检修。

（3）充分考虑人员流程，方便管理，提高工作效率和安全性能：

① 计算机机房由于设备集中，所有数据及语音信息都在这里进行处理和交换，其工作状况的好坏将直接影响工作能否正常进行。

② 为了便于对进入中心机房的所有人员进行控制和管理，中心机房在内走道进入缓冲区及主机房大门位置处设置安装门禁管理系统，以增强安全防范和管理能力。

（4）合理利用建筑物的结构特点，依形就势，充分挖掘大楼的使用功能：

① 电源设在机房里端，能有效避免电源设备的噪声干扰，保证工作人员身心健康，提高工作效率。

② 根据大楼框架结构、承重能力，将电池组设在一楼或地下室专门的电池间。

③ 主机室与电源室相邻，便于对设备进行管理。

3.5 机 房 装 修

1. 总体装饰设计原则

机房装修总体设计应以人为本，考虑人与环境、人与机、机与环境的亲和性、协调性。

（1）在机房装饰设计中，应强调规范性、标准性和实用性。

（2）在机房装饰设计中，应强调现代机房的整体效果，避免大面积的平淡感，采用块元素构筑的吊顶和地面，互相呼应，展现机房的立体效果。

（3）在机房装饰设计中，讲究绿色环保设计，注意色彩的搭配和组合。室内色调应淡雅柔和，有效地调节人的情绪，起到健康和装饰的双重功效。

2. 机房区装饰设计原则

（1）计算机机房作为一种体现现代技术的场地，其装饰宗旨是确保计算机正常工作及机房工作人员的身心健康，使其在机房长时间工作时感到舒适。其装饰效果应该是淡雅稳定，简洁明快，线条流畅、分明。

（2）色彩总体协调，局部用以对比、点缀，充分体现高技术工作环境。

（3）装饰材料必须满足计算机设备安放场地技术要求。

3. 门窗

（1）门窗类型。采用玻璃门，有不锈钢包门和密封压条。

（2）外窗设计。中心机房工作区的外窗为整体玻璃幕墙，挂防火卷帘；主机室全部为彩钢板封闭，不设外窗。

（3）装修工艺说明。全玻地弹门采用 15 mm 厚白色浮法玻璃、不锈钢小门夹、拉手和地簧。各室外窗封闭时注意封堵孔洞，防止渗水、漏水。机房装饰用材应达到机房设计标准要求。

3.6 机房供配电系统建设

计算机机房配电系统是一个综合性配电系统。该系统需要解决设备用电和其他辅助设备供配电问题，如机房照明、机房精密空调、机房安全消防系统的用电。

3.6.1 供配电系统

1. 系统设计需求

监控机房配电柜市电供电情况及配电柜的重要配电开关；监视市电开关是否跳闸或断电，一旦开关跳闸或断电，计算机系统将立即停止工作，造成整个系统崩溃。

2. 系统主要监测量

在配电监测系统中，主要监测：

(1) 市电线电压、相电压及相电流。

(2) 市电有功功率、无功功率、视在功率、功率因数、频率等。

(3) 市电配电主要空气开关断开或闭合状态，配电二级主要空气开关断开或闭合状态。

3. 系统主要实现功能

(1) 用生动的动态图表方式反映当前市电监测量的数据值，且数据刷新率不大于2 s，以实时反映当前市电情况。

(2) 对于市电各种异常情况，如市电停电、供电公司供电频率不稳定、单相负载量过高等，及时以程控电话、手机语音、短信提示等方式告知机房管理人员，协助管理人员及时处理，同时记录告警信息，以备管理人员对事件进行查证。

(3) 实时记录各市电主要监测量的历史数据，并以曲线、报表等方式汇总，以便于机房管理人员对机房市电供电情况汇总、统计、打印，从而更方便向供电部门反映供电情况。

4. 机房供电级别

机房供电根据计算机及辅助设备、机房环境设备（空调系统设备）及照明灯具、生活日常用电的不同分别采用一、二、三类供电。

一类供电的设备需建立不停电供电系统；二类供电的设备需建立备电供电系统；三类供电的设备按一般用户供电考虑。

(1) 一类供电的区域和设备：
① 机房区计算机主机设备(如存储)。
② 机房区计算机设备(如服务器)。
③ 机房区计算机外部设备(如网络通信设备)。
④ 机房区安防监控设备(如门禁、消防设备)。
⑤ 机房语音交换设备(如程控交换机)。
⑥ 机房区应急照明。
(2) 二类供电的区域和设备：
① 机房区精密空调设备。
② 机房区计算机外部设备。
③ 机房区、机房辅助区照明。
(3) 三类供电的区域和设备：
① 机房区空气净化设备。
② 机房区、机房辅助区维修用电。
③ 机房区日常用电。

5. 机房供电要求

计算机机房供电，必须从整栋大楼的配电房引两路专线至机房，并保证供电质量。

3.6.2 供配电系统总体设计原则

严格按照国家标准《供配电系统设计规范》和《民用建筑电气设计规范》等相关规定设计，采用先进技术、先进设备，确保中心计算机系统设备正常运行。配电设备预留备用容量，使用、维护、调整方便。

1. 配电室选址及技术要求

(1) 根据设计规范要求配电室 UPS 电源应靠近机房区设置，并兼顾其他区域，便于操作和管理。

(2) 配电室应满足配电设备(包括配电箱、UPS 电源)正常运行、维护所需要的空间，配电装置的布置应便于设备的操作、搬运、检修和试验，并考虑到电缆线路安装的方便性。

(3) 空间要求：配电箱前不小于 1.5 m(固定式)。

2. 配电柜及供电设计

(1) 机房配电柜设计容量：

① 根据《电子计算机机房设计规范》要求，机房配电系统应考虑计算机系统用电备用容量。

② 根据配电设计规范要求，设计容量应按用电总负荷的 120%～150%设计。

③ 根据建设单位用电设备和具体要求,并考虑到机房今后的扩展,以及机房内所有设备同时使用的功率,机房配电系统总设计容量为 1500 kVA。

(2) 机房配电柜为三台,即由施耐德专用电器组成的机房总配电柜、市电输入配电柜、UPS 主机及输出电器分路开关柜(UPS 输出配电柜)。

3.7 机房 UPS 系统

UPS 系统建设的目的主要是为中心机房主机室内机柜设备提供可靠的电源。要求配置 UPS 不少于 2 h 的双回路和稳压器设备。

1. UPS 系统发挥的作用

(1) 为主机室内机柜内网络、服务器、存储设备提供后备电源,以防止突然断电导致断网和数据损坏,影响系统正常运行。

(2) 消除供电系统中产生的诸如浪涌、谐波干扰、频率漂移、波形断续、电压过高或过低等现象,改善电源质量,使局域网中各类设备的电子元部件免受破坏性损害。

(3) 抑制电网中其他用电设备产生的诸如高频信号等杂波,免除因杂波造成数据传输失效等故障,提高网络的可靠性。

2. 日常维护

为了保证阀控密封铅酸蓄电池使用良好,需要做一些必要的维护工作。需要检查的项目如下:

(1) 单体和电池组浮充电压(1 次/月)。

(2) 电池外壳和极柱温度(1 次/月)。

(3) 极柱、安全阀周围是否有渗液和酸雾逸出(1 次/月)。

(4) 电池壳盖有无变形和渗液(1 次/月)。

(5) 连接处有无松动(1 次/半年)。

(6) 定期对开关电源的电池管理参数进行检查,保证电池参数符合要求。

3.8 综合布线系统建设

要建设一个高标准的、完整的、满足现在及将来需求的新一代信息化图书馆综合布线系统,需要达到以下几点要求:

(1) 高可靠性。基于标准的开放系统,预先经过测试,确保系统 7×24 h 稳定可靠。

（2）高性能。满足目前的网络传输需求，支持 1 G 或 10 G，甚至更高速率传输。

（3）高密度。节省空间，方便设备散热。

（4）可维护性。美观大方，适应需求变化，方便维护。

（5）可扩展性。支持未来扩容需求。

整个综合布线系统采用结构化综合布线方式，利用先进的布线结构和合理的线缆布置方法对所有线缆统一综合布局，结合机房的散热系统，充分达到节能和高效散热的目的。结构化综合布线系统是标准化、开放性的布线系统，以单一的传输介质和星型结构建立统一的数据、音频、视频信号高速传输网络，克服了传统布线封闭、兼容性差、维护性差、扩充困难、成本高等弊端。结构化综合布线相对独立于应用，支持各种逻辑连接和各种标准设备的接入，为整个应用系统的互联共享、扩充发展奠定了基础。

3.8.1 设计原则

（1）系统符合用户当前和长远的通信要求。

（2）系统遵循国际国内标准。

（3）系统采用国际标准（EIA/TIA—568A 标准）建议的分层星型拓扑结构。

（4）系统要立足开放原则，既支持集中式网络系统，又支持分布式网络系统。

（5）系统的信息出口采用标准的 RJ45 插座，以支持语音、数据、图像等多媒体的传输。

（6）系统支持各种不同类型、不同厂商的计算机和网络产品。

（7）系统应符合综合业务数字网络 ISDN 的要求，以便与国际、国内其他网络互联。

（8）系统符合 IEC 332—3C 的阻燃要求。

（9）系统符合 IEC 745—1/2 的无卤要求。

3.8.2 系统设计

建议采用 6 类非屏蔽综合布线系统与多模光缆布线系统相结合的方案，从而提供网速万兆的网络主干，并保留进一步提高网络传输速率的余裕。综合布线共分为 5 个子系统及相应的配套设施。

（1）工作区子系统：包含工作区信息点模块、面板。

（2）水平子系统：包含工作区信息点的水平线缆。

（3）弱电间子系统：包含语音配线架、数据配线架、跳线、主干光纤配线架、理线架、机柜及标识等。

（4）主干子系统：包含垂直主干缆及线缆的标识设备。

（5）设备间子系统：主要安装建筑物配线设备的一系列接插件。

图书馆综合布线分为两部分，一部分网络为图书馆内部使用，包括数据、无线网络和 IP 语音传输；另一部分为弱电网络，主要为弱电系统（如监控、楼宇自控、信息发布等）使用。

工作区子系统处于用户终端设备（如电话、计算机、打印机等）和水平子系统的信息插座（TO）之间。该子系统由终端设备至信息插座之间的连接器件组成，包括跳线、连接器或适配器等，实现了用户终端与网络的有效连接。

前端点位布点原则如下：

① 以无线网络覆盖为主，通过无线接入设备来实现日常图书馆书籍及设备管理。无线 AP 点位以每 100 m^2 一个的密度布置，充分考虑墙及其他遮挡物对无线信号的遮挡，适当多布置点位，消减遮挡物对无线网络的影响。

② 具有功能性的房间，如各种体验区、亲子活动区、餐饮区、影音室、文创店、总服务台等，需要根据其布置的数字设备、音视频设备、一卡通设备的数量来预留点位。

③ 图书管理房间区域，如各种阅读区、书库、地方文献室、古籍修复区等，主要在墙面设计点位，辅助图书管理设备（如图书扫描、移动图书管理等）提供数据接口。

④ 弱电功能型房间，如控制中心、楼控中心等位置，根据数据点位需求在墙面或地面布置相应的数据点位。

⑤ 数字体验区等位置根据需要在放映房间的墙面或地面布置点位。

考虑到应用需求的不断增长，图书馆水平子系统建议采用 6 类 4 对非屏蔽双绞线连接各工作区的信息插座与配线间的配线架。水平子系统应按楼层各工作区的要求，设置信息插座的数量和位置，设计并布放相应数量的水平线路。为简化施工程序，水平子系统的管路和缆线的设计和施工应当与建筑物同步进行。

图书馆每层有弱电间，水平布线路径选择就近的管理间对接。

图书馆各楼层均应设置弱电间。弱电间内使用标准机柜，并根据信息点的数量安装双绞线和光纤配线架。管理子系统在实施时要求如下：

① 综合布线系统管理间、设备间里的设备全部安装在标准 19 英寸宽的网络机柜内。设备主要包括支持双绞线的 RJ45 标准接口跳线盘、支持语音系统的 IDC 连接模块及布线框、辅助性的导线架等。

② 机柜或机架的垂直偏差不大于 3 mm，安装应牢固。各类接线模块应完整，安装就位，标识齐全，面板保持在一个水平面上。安装机架、配线设备及金属钢管应符合设计要求，并保持良好的电气连接。

③ 配线架用于在设备间接水平布线电缆。配线架应当根据楼层内信息点的

数量选择 24 口或 48 口。另外,配线架必须与水平布线电缆采用同一标准,全部为 6 类非屏蔽系统。

④ 管理子系统所使用的跳线有两类,即光纤跳线和双绞线跳线。光纤跳线用于实现光纤终端盒与汇聚交换机或核心交换机的连接,应用于垂直主干布线和建筑群布线。交换机光纤端口为 LC 端口(SFP 模块),而光纤终端盒则采用 LC 适配器,因此光纤也应当分别采用 LC-LC 光纤跳线。另外,垂直主干布线多采用 50/125 μm 多模光纤,因此应当根据布线光缆的型号选择与之相匹配的光纤跳线。

在敷设电缆时,对不同的介质电缆要区别对待:
① 光纤电缆敷设时不应该绞接。
② 光纤电缆在室内布线时要走线槽。
③ 光纤电缆在地下管道中穿过时要用 PVC 管。
④ 光纤电缆需要拐弯时,其曲率半径不能小于 30 cm。
⑤ 光纤电缆的室外裸露部分要加铁管保护,铁管要固定牢固。
⑥ 光纤电缆不要拉得太紧或太松,并要有一定的膨胀收缩余量。
⑦ 光纤电缆埋地时,要加铁管保护。

敷设电缆的原则是以垂直线槽为依托,垂直分布于弱电井中,引至各层电信间和中心机房。弱电竖井从底层到顶层垂直连通,竖井面积不小于 5 m^2。主干敷设方法遵循建筑电气设计规范中对电缆井中主干敷设的规定,用防火材料密封所有的电缆孔或弱电竖井。

设备间是网络管理和信息交换的场地,主要安装配线设备,用来连接所有楼层配线间的主干缆线。设备间安装 19 英寸标准 42U 网络机柜,主要安装配线设备、网络设备及服务器等。配线设备主要是光纤配线架、数据配线架及语音配线架。光纤配线架采用抽屉式 ODF 光配单元,数据配线架采用 24 口六类配线架,语音采用 100 对 110 型配线架。电话交换机、计算机主机设备及入口设施也可与配线设备安装在一起。

图书馆点位比较多,需要清晰地标明各个线缆的路径和接口名称才能为后期的使用和维护提供完整的依据。

应对工作区、电信间、设备间、进线间的配线设备、缆线、信息插座模块等设施按一定的模式进行标识和记录。

可针对信息点位分楼层进行编号,机柜、电信间(弱电间)按功能及楼层编号。如电信间 RD1-3♯,其中"RD"是"弱电"的拼音首字母缩写,代表弱电间,1 代表弱电间号,3 代表设备编号;机柜编号 PDS1-3♯ 中,PDS 代表机柜内设备的主要应用业务,在此为综合布线系统,后面的数字同弱电间编号。

3.9 空调及新风系统建设

3.9.1 机房空调系统

1. 机房专用精密空调与一般空调的区别

(1) 余热量多。机房内显热量占全部热量的 90% 以上,包括设备本身发热量、照明发热量,通过墙壁、天花、窗户、地板的导热量,以及辐射热、通过缝隙的渗透风和新风热负荷等,这些都是机房的显热负荷。计算机房显热负荷占全热负荷的 90%～95%。

(2) 余湿量小。设备运行时只产生热量,不产生湿气,机房内只有工作人员散发的湿度和新风带入的一定湿量。

(3) 大风量,小焓差,换气次数多。机房显热为 90% 左右,因此向计算机机柜送风相对湿度不宜过多,一般不大于 70%;要求送风温度较高,一般要求高于 17 ℃,因此送风量必须大;机房换气次数每小时达 30～50 次,因此机房专用空调的焓降很小。

(4) 全年性运行。在冬季,机房内的余热同样要大于围护结构向室外的散热量,因此计算机空调全年都要进行制冷工作,只是根据季节的不同利用新风调节来最大限度地减少制冷机的运行,以达到节省能源的目的。

(5) 多采用下送风方式。为保证计算机的布置、更新和气流组织便于调整,大中型计算机机房多采用防静电活动地板。

国标 A 级标准机房对环境温度、相对湿度、洁净度及噪声的要求如下:

① 温度:20～24 ℃。
② 相对湿度:45%～65%。
③ 洁净度:30 万级。
④ 噪声:<68 dB(A)。

机房专用空调系统工作示意如图 3.1 所示。

2. 精密空调设计及负荷计算

(1) 机房设计标准。服务器等重要的网络设备,对机房内有严格的温、湿度要求,机房内应按国标 GB 2887—89《计算机场地安全要求》的规定配置空调设备,如表 3.1 所示。

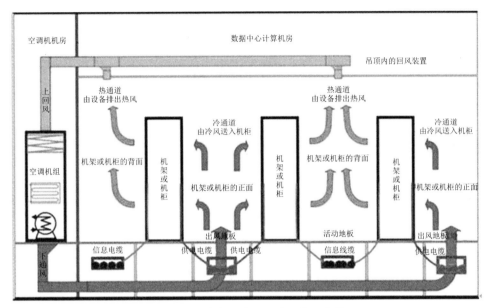

图 3.1　机房专用空调系统工作示意图

表 3.1　机房设计温、湿度要求

级别	A 级	
季节	夏季	冬季
温度	(22±2)℃	(20±2)℃
相对湿度	45%～65%	
温度变化率	<5 ℃/h 并不得结露	

同时,主机房区的噪声声压级小于 68 dB,主机房内要维持正压,与室外压差大于 9.8 Pa,送风速度不小于 3 m/s,在表态条件下,主机房内大于 0.5 μm 的尘埃不大于 18000 粒/L。为使机房能达到上述要求,应采用精密空调机组。

(2) 精确总热负荷的计算。本工程主要的热负荷来源于设备的发热量及围护结构的热负荷。因此,我们要根据主设备的数量及用电情况确定精密空调的容量及配置。除主要的设备热负荷之外的其他负荷,如机房照明负荷、建筑围护结构负荷、补充的新风负荷、人员的散热负荷等,若无法精确计算,也可根据机房的面积按经验进行测算。

3. 空调室内、室外机位置建议

(1) 房间整体通风顺畅,送风、回风无障碍。

(2) 安装位置综合考虑,结合上下水、液管、气管连接。

(3) 机组安装在独立的支架上,机组与支架间应设防震胶垫。地板下的楼层面做了保温、防尘和防空调结露水处理。

（4）如机房中有隔断，为保证回风通畅，建议采用孔板金属天花，空调采用天花回风的方式。

（5）建议机房内机架按照冷热通道分离的形式布置，机房专用空调机组均匀布置在机房两端的热通道上，以形成冷热气流分离的良好气流组织；已建服务器机房的机房空调机组，根据机房服务器机架的布置情况调整到机架间通道一侧靠墙安装。

3.9.2 机房新风系统

人需要吸入氧气并呼出二氧化碳气体，机房工作人员每人每小时呼出二氧化碳约为30 L(即45 g)。机房是人长时间停留、工作的地方，二氧化碳的允许浓度为$1 L/m^2$(即$1.5 g/m^2$)。因此，机房补充新风量的多少直接关系到人体健康。为了克服工作人员长时间在机房内操作产生缺氧、头晕、胸闷、心慌等不适感，即所谓的"空调病"，采用多级新风过滤系统将室外新鲜空气送入机房。

1. 机房新风量设计规范要求

（1）A级机房洁净度为30万级，B级机房洁净度为50万级。

（2）每人新风量应为40～60 m^3/h。

（3）机房空气量循环次数标准应大于3次/h。

（4）为室内总循环风量的5%。

（5）维持室内正压所需风量。

2. 新风系统设计方案

高效新风净化机内装低噪声风机和中效过滤器，其过滤效率达98%(对$0.5 \mu m$尘埃的计数效率)，因而能使房间保持良好洁净的状态，特别适用于不允许直接开窗换气的气密性洁净房间。

（1）机房新风量设计规范要求。

① 每人新风量应为40～60 m^3/h。

② 机房内空气循环量大于3次/h。

③ 为室内总循环风量的5%。

（2）新风量不得少于(1)中各项的任一值，在保持正压要求的同时，也要考虑到在使用一段时间后新风过滤效率会下降。

（3）机房设计要求A级机房洁净度为30万级，B级为50万级，因而新风段将设置相应的过滤手段来达到洁净的目的。

（4）根据规范要求及计算，机房区设计选用1台品牌空气净化器。空气净化器安装于电源空调室内，能够满足洁净区域对循环风量、过滤效率、温度、湿度、新风、正压、噪声等各项技术指标的要求。

（5）室外空气经初效、亚高效过滤洁净处理，与精密空调送风空气混合送出，并由空调回风口向室外排出多余空气,以确保合理新风量送入机房内和保证正压差,即满足机房内有关新风的要求。

3.10 消防系统建设

3.10.1 机房气体消防系统

1. 安全要求

防护区内应设火灾声报警器,必要时可增设光报警器。防护区的入口处应设光报警器,报警时间不宜小于灭火过程所需的时间,并应能手动切除报警信号。根据设备区的数量设置灭火系统的数量。

2. 系统设计

气体消防工程可划分为一个独立的系统。系统采用组合分配全淹没式灭火方式。

(1) 设计技术参数如表 3.2 所示:

表 3.2 设计技术参数

设计浓度	最低环境温度	喷放时间	90 L 瓶装量
8%~8.3%	10 ℃	≤10 s	90 kg

(2) 系统组成。七氟丙烷灭火系统主要由灭火剂储瓶、瓶头阀、单向阀、压力表、启动装置、挠性接头、钢瓶架、汇集管、安全阀、选择阀、压力反馈装置及管网和喷头组成。

(3) 控制方式。气体灭火系统的控制,要求同时具有气动启动、电启动、电气手动启动及应急机械手动启动四种方式。

① 气动启动工作原理。当某防护区两个火灾探测器同时发出火灾信号,自动灭火控制器立即发出信号指令,打开该区启动钢瓶,瓶中高压氮气分为两路,一路经气路单向阀打开该区选择阀,一路直接打开灭火剂储瓶组,实行该防护区灭火。

② 电启动工作原理。当保护区内两个探测器同时发出火灾信号,自动灭火控制器立即发出电信指令,使钢瓶分盘按预先给定的组合分配方式电启动瓶头阀及对应的选择阀,实施自动灭火。

3.10.2 机房火灾报警系统

计算机机房是计算机设备、机房设备及大量信息存储设备集中安装及工作的场所,若没有完善的安全防护措施,就很难保证设备的正常运行和财产、信息及工作人员的安全。计算机机房的火灾报警系统是计算机机房安全防护的一个非常重要的环节,国家对此有着十分严格的要求和标准。

1. 系统功能特点

系统内设备之间均采用二总线连接,设计施工十分方便。

火灾报警控制器可以实时分析探测器传送的现场探测数据信号,确认火灾信号,排除环境变化造成的误报。这大大提高了系统适应环境的能力,降低了误报率;火灾报警控制器采用多种抗干扰技术,使系统抗干扰能力强、可靠性高、工作稳定;此外,火灾报警控制器不仅有可靠性极高的火灾报警功能,还具有故障监视和报警功能,以确保系统稳定可靠地工作。

该系统由编码探测器、手动编码按钮、火灾报警联动控制器、电源等组成。一旦有火灾发生,探测器将火灾信号送入区域火灾报警器分析确定后,立即发出声光报警,联动的编码报警器也同时发出声光报警,区域火灾报警器显示出报警的地点和时间。该系统还具有先进的联动功能,通过模块可联动其他设备(如配电柜、消防广播、灭火系统等),一旦有火灾发生,该系统将发出联动信号切断空调、新风等设备的电源。

2. 系统工作原理

该系统主要采用一台火灾报警联动控制器作为整个火灾报警和灭火系统的控制中心,再外接手动报警按钮、报警器、灭火控制盘等,实现对火灾报警及灭火的联动控制。

报警功能:当系统内(包括灭火防区)任一个烟或温感报警,主机板火警,同时整个系统的声光报警器发出声信号和光信号报警。

3. 系统配置

(1) 火灾探测器。非灭火防区只配烟感探测器,数量按有关规范配置。灭火防区在配置烟感探测器的同时相应加配一组温感探测器,数量也根据有关规范配置。

(2) 声光报警器。整个系统配置一个声光器,另外各灭火防区相应配置一个声光报警器。

(3) 灭火控制盘。该系统采用一台灭火控制盘,分别负责2个防护区的全体灭火控制。

(4) 主机。该系统的主机采用一台智能型中文显示火灾报警控制器。

(5) 模块。各防护区配置两个单输入单输出模块,实现对相应防区的灭火联动,同时防排烟系统配置两个单输入单输出模块,控制风机。

4. 系统布置情况

在机房区的吊顶上、吊顶下及地板下三层均装有火灾烟、温感探测器,对其进行全面监测、设防。另外还设置一个手动报警按钮以利于人工报警,同时配置有声光报警器。

3.11 防雷接地系统

随着我国现代化建设的不断推进,通信设备越来越多,规模越来越大。一方面,大型电子计算机网络、程控交换机组等系统设备耐过电流、耐雷电压的水平越来越低;另一方面,由于信号来源路径增多,系统较以前更容易遭受雷电波的侵入,致使雷电灾害频频发生。据统计,雷电对电子设备的损坏占设备损坏因素的比例高达33%,防雷击过电压已成为具有时代特点的一项迫切要求。对于雷雨多发地区,计算机房必须设计、安装防雷系统装置进行保护,最大限度减少或消除雷电灾害隐患,针对中心网络主机房电子设备做雷电防护设计。

目前,世界上各种建筑、设施大多数仍在使用传统的避雷针防雷。实践证明,用避雷针防止直接雷击是经济和有效的。然而,随着现代电子技术的不断发展及大量精密电子设备的使用和联网,避雷针对这些电子设备的保护却显得无能为力。避雷针不能阻止感应雷击过电压、操作过电压以及雷电波入侵过电压,而这类过电压却是破坏大量电子设备的罪魁祸首。

为使电源系统、网络数据机房等系统电子设备运行正常、稳定、安全,必须有效减少雷电及雷电电磁脉冲危害,实现全面监控、安全有效防护,保证人身安全。针对机房系统设备所在的建筑,内部防雷务必做好以下防雷措施。

3.11.1 屏蔽

1. 空间屏蔽

框架式建筑本身的梁与柱构成了大型格栅屏蔽,对建筑以外雷电产生的电磁脉冲有着很好的空间屏蔽,即将空间磁场做了一次大的衰减,从而将系统设备保护在一定范围内。

2. 线路屏蔽

为了避免线路上发生耦合现象及线路之间产生互感电流,建议各系统布线均采用金属屏蔽线槽架设,并将线槽金属两端做接地处理,金属线槽接头处需做跨接处理。

另外,所有电源线路与信号线路应分线槽布线,且间距应大于 30 cm。如果线路上安装防雷器,要求其地线单独走线,与其他线路间距大于 30 cm,且尽量避免走直角。

3. 设备屏蔽

所有系统重要设备应考虑设备屏蔽。将重要电子设备放置在机柜内,且机柜外壳应做接地处理。

3.11.2 均压等电位连接

根据《建筑物防雷设计规范》(GB 50057—2010)中第 6.3.4 条要求,穿过各防雷区界面的金属物和系统,以及在一个防雷区内部的金属物和系统均应在界面处做符合要求的等腰三角形电位连接。对机房所有金属设备外壳需做等电位连接,并在静电地板下做均压环设施,让设备就近接地,避免机房内因建筑物柱筋在泄放雷电流时,引起周围金属物件感应电压不一致,造成设备之间金属放电现象。同时要求均压环与机房柱筋连接,这需要根据各系统所在建筑内的空间决定均压环的大小和平面布置。

3.11.3 设备安全距离

根据《建筑物防雷设计规范》(GB 50057—2010)中第 6.3.2 条要求,设备安放位置应远离建筑物的梁、柱、壁、顶等有金属的地方,避免其内钢筋在泄放雷电流时对金属产生较强的磁场,形成电磁脉冲电流,造成设备损坏。各系统电子设备安放位置的安全距离应大于 83 cm。

3.11.4 安装 SPD

SPD,即过电压保护装置或浪涌保护器。根据《建筑物防雷设计规范》(GB 50057—2010)第 6.3.4 节中要求,穿过各防雷区界面的金属物和建筑物内系统,以及在一个防雷区部的金属物和建筑物内系统,均应在界面处附近做符合下列要求的等电位连接,即采用电涌保护器。

1. 电源系统雷电及过电压防雷保护

根据国际电工委员会(IEC)标准 1312—1《雷电电磁脉冲中的防护第一部分:一般原则》中有关雷电分区的划分,针对重要系统的防雷应分为三个区,分别加以考虑。只做单级防雷可能会带来因雷电流过大而导致泄流后残压过大破坏设备或者保护能力不足引起设备损坏的问题。电源系统多级保护,可防范从直击雷到工业浪涌的各级过电压的侵袭。

根据电源分级防雷要求,对用电设备应充分防护,需加装三级电源防雷器,使通过第一级防雷器后的雷电流的残压限制在2500~4000 V,而通过第二级防雷器的雷电流的残压应限制在1800~2500 V,通过第三级防雷器保护后,使雷电流的残压进一步限制在用电设备所能承受的安全电压范围内(800~1200 V)。根据电器设备设计标准,当浪涌电压达到1670 V以上时,就会有内部线路绝缘被击穿的可能,并导致设备的直接损坏。可见,如果电源防雷保护不充分,可能会使通过用电设备的电流残压过高而导致设备损坏。

1) 电源第一级防雷

根据国家有关低压防雷的规定,外接金属线路进入建筑物之前必须穿埋地金属管槽15 m以上的距离,且要在建筑物的线路进入端加装低压避雷器。必须做到在电源的进入端安装低压总电源防雷器,将由外部线路可能引入的雷击高电压引至大地泄放,以确保后接设备的安全。

作为系统电源进线端的主级防雷器,在雷击多发地带至少应有60~100 kA的通流容量,可将数万甚至数十万伏的雷击过电压限制到数千伏。防雷器可并联安装在建筑物内低压总配电室单回路电源总开关的电源出线端,采用三相四线制接线方式。

2) 电源第二级防雷

分配电柜的电源防雷器,对通过电源初级防雷器的雷电能量进一步泄放,可将几千伏的过电压进一步限制到一点几千伏。雷电多发地带需要具有40 kA的通流容量,防雷器可并联安装在各系统重要电子设备所在的机房内配电柜电源进线处。

3) 电源第三级防雷

第三级防雷系统是系统防雷中最重要也是最容易被忽视的地方。现代的电子设备都使用很多的集成电路和精密元件,经过第一、二级防雷保护而进入设备的雷击残压仍有千伏之上,这将对后接设备造成很大的冲击,并导致设备的损坏。因此,需要在机房内配电柜中做第三级防护。

4) 电源末级防雷

对于比较重要、昂贵的设备,可以在规范要求的保护级别基础上再加一级保护,称为末级保护。

2. 信号系统雷电及过电压防雷保护

在雷击发生时,产生巨大瞬变电磁场,在1 km范围内的金属环路,如网络线路、电话通信线路、楼宇控制线路、视频监控线路等都会感应到雷击,将会影响各系统的正常运行,甚至彻底破坏各系统的重要电子设备。对于网络、通信、自控、监控方面的防雷工作是容易被忽视的,往往是当系统受到巨大破坏、资料损失惨重时才想到应该做预先的防范。通常考虑的防护对象主要是网络系统中,机房内的交换机、服务器、PC终端设备、网络打印机等。

3.12 接地系统

针对各项系统的电子设备,应做好接地系统。根据《建筑物防雷设计规范》GB 50057—2010 中第 6.3.3 条要求,机房接地在符合该规范的同时,还应符合下列规定:① 每幢建筑应采用共用接地系统。② 当互相邻近的建筑物之间有电力和通信电缆连通时,宜将其接地装置互相连接。

(1) 接地方式。联合接地(三套法接地方式),应取系统最小接地电阻值。

(2) 各系统接地电阻应满足下列要求:

① 系统安全保护接地不得大于 1 Ω。

② 建筑物(钢筋)接地不得大于 10 Ω。

③ 屏蔽接地不得大于 4 Ω。

④ 防雷接地不得大于 10 Ω。

⑤ 机房设备接地不得大于 1 Ω。

(3) 接地系统、引上线及机房内各接地连接的示意如图 3.2 所示。

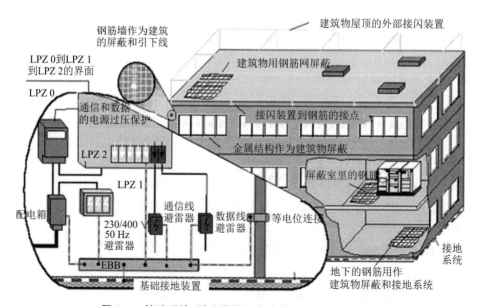

图 3.2 接地系统、引上线及机房内各接地连接的示意图

3.13 监控系统建设

为了保证机房运行的安全性和稳定性,目前许多机房的管理人员不得不采取24小时专人值班的方式,定时巡查机房各环境设备。但这样不仅加重了管理人员的负担,而且在很多情况下往往不能及时排除故障,对事故发生的时间、频率及原因等也无科学的管理与数据分析。尤其是目前国内普遍缺乏专业的机房环境设备管理人员,很多时候不得不安排软件人员或者不太懂机房设备管理的维护人员值班,这对机房的安全运行无疑又是一个不利因素。为解决上述问题,可对机房设备进行统一监控与管理,极大地减轻了机房维护人员工作负担,同时又大大提高了整个系统运行的可靠性、稳定性、兼容性和可扩性,实现了机房的科学管理,真正使"无人值守"机房成为现实。

机房监控系统主要是针对机房所有的设备及环境进行集中监控和管理,其监控对象构成机房的各个子系统:动力系统、环境系统、消防系统、安保系统、网络系统等。机房监控系统基于网络综合布线系统,采用集散监控,在机房监控室放置监控主机,运行监控软件,在统一的界面对各个子系统集中监控。

机房监控系统实时监视各系统设备的运行状态及工作参数,发现部件故障或参数异常时,及时采取多媒体动画、语音、电话、短消息等多种方式报警,记录历史数据和报警事件,提供智能专家诊断建议和远程监控管理功能及 Web 浏览等。

监控系统主框架主要有配电监测子系统、机柜 PDU 供电监测子系统、UPS 监测子系统、蓄电池监控子系统、精密空调监控子系统、新风机监控子系统、漏水检测子系统、温湿度监测子系统、图像监控子系统、消防接入子系统等,如图 3.3 所示。

1. 监控对象及内容

1)配电系统

一级配电:监视主要开关状态及实时监视电压、电流、频率、有功功率等。

机柜 PDU 供电:监测 PDU 供电通断状态等。

UPS:监测 UPS 模块的工作状态及各种参数,如 UPS 的输入输出电压、电流、频率、功率因数、逆变器状态、电池状态、旁路状态、报警等。

蓄电池监测:监测蓄电池的电压及电池蓄电时间。

2)环境系统

精密空调系统:监控空调本体压缩机状态、风机状态、加热器状态、抽湿器状态、加湿器状态、报警等。

新风机系统:监控新风机工作状态。

温湿度监测:实时监测机房及机柜的温湿度。

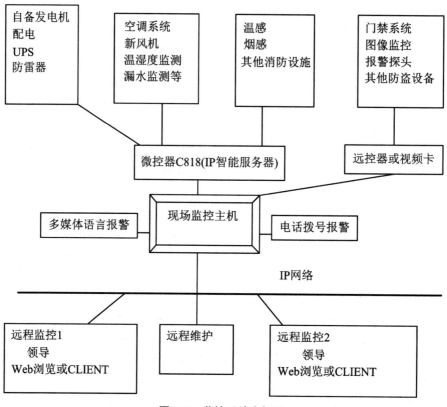

图 3.3 监控系统主框图

漏水监测:对机房漏水情况实时监测、报警等。

3)消防系统

消防报警系统监视;与空调、配电系统联动控制;多功能早期预警。

4)安保系统

图像监控:与防盗设备联合实现图像监视及记录。

门禁监控:门禁系统监控及记录。

2. 机房门禁管理系统

门禁系统由读卡器、控制器、电控锁、通信转换器、门禁管理软件等组成,机房进出白名单只包括机房工作人员。主要在一卡通系统范围内对需要对人员出入做限制和管理的重要区域实现计算机门禁控制。

具体功能包括如下内容:

(1)防拆除、防盗。

(2)防止非法时间进入。

(3)防火功能:当门禁系统遇到火警时,所有门禁将全部开启,能够迅速疏散人群。

(4) 防断电功能。

(5) 丰富的报表功能:提供强大而灵活的自定义报表功能。

(6) 丰富的查询功能:可供持卡人、相关管理人员等查询门禁相关信息。

(7) 日志管理:可以按照设定的时间自动刷新日志资料,实现日志查询与备份。

3.14　机房场地建设主要依据

(1)《电子信息系统机房设计规范》(GB 50174—2008)。

(2)《计算机站场地技术条件》(GB 2887—89)。

(3)《计算机站场地安全要求》(GB 9361—88)。

(4)《电子计算机场地通用规范》(GB/T 2887—2000)。

(5)《电子信息系统机房施工及验收规范》(GB 50462—2008)。

(6)《防静电活动地板通用规范》(SJ/T 10796—2001)。

(7)《建筑物防雷设计规范》(GB 50057—2010)。

(8)《建筑物电子信息系统防雷技术规范》(GB 50343—2004)。

(9)《智能建筑设计标准》(GB/T 50314—2000)。

第4章 机房软硬件基础设施建设

4.1 中心机房软硬件设施建设规划和目标

4.1.1 建设目标

数字图书馆中心机房建设的目标是建设一个基于虚拟化架构系统、分布科学灵活、管理架构模块化、功能集约化、计算机软硬件系统满足环保节能要求的新一代机房。

4.1.2 建设原则

数字图书馆中心机房应遵循以下原则：

（1）系统的可扩展性。系统的可扩展性就是着眼于图书馆业务的当前和至少未来5年内的业务需求，在进行机房相关基础设施建设时充分预计到将来的强弱电升级、空间布局、承载能力和环境布局等相关因素。

（2）绿色环保节能设计。中心机房软硬件基础设施，以绿色节能为标准，在设备建设选型时考虑降低能耗，达到绿色节能的目标。

（3）建设规范化、标准化。中心机房建设坚持"统一领导，统一规划，统一标准，统一建设，信息共享，面向服务"的建设原则，推进规范化、标准化建设，建立互联互通、功能强大的中心机房。

（4）以需求为导向。坚持以需求为导向，就是把以满足服务读者需求为目的的机房软硬件建设需求作为机房建设的最终目的。

（5）以稳定可靠运行为依据。坚持采用现代信息技术中的成熟技术，保证系统的安全性、可靠性、可扩充性、可维护性和开放性。

（6）以可回溯性为条件。遵循系统工程建设的规律，对中心机房软硬件基础设施建立回溯档案,对项目建设的考察、立项、建设、运营的全过程做到文档规范、可回溯。此外,自主知识产权软件项目须妥善保存好源代码。

4.1.3 建设思路和具体步骤

1. 总体思路

数字图书馆中心机房软硬件基础设施能支持模块化的 IT 设备是中心机房未来发展的主要方向。下面主要从网络设备、服务器、服务器虚拟化、存储系统等方面进行分析。

(1) 网络设备规划。要有效规划网络架构,选用稳定、安全、可靠的网络设备。

(2) 服务器规划。服务器的选型重点考虑技术成熟可靠、性能稳定、能效突出的产品和设备。

(3) 服务器虚拟化规划。服务器虚拟化技术是目前机房建设的主流技术,它能有效地减少服务器硬件购置的开支,方便管理,节约机房空间,从而整体降低机房的电力能源消耗,达到节能的目的。

(4) 存储设备规划。存储设备硬件集约化、软件虚拟化、管理配置模块化和自动化、数据维护智能化等技术的应用帮助现代化机房大幅提高了数据存储容量和能力,减轻了硬件购置、维护成本和人力资源开支。

2. 具体步骤

(1) 根据数字图书馆的实际业务需求和未来图书馆的需求规划,明确当前需要建设的服务器、存储、网络等硬件设备和相配套的操作系统、数据库、管理软件、应用软件的类型和数量需求。

(2) 根据图书馆业务需求和服务器软硬件配置情况进行虚拟化适配性评估,评估的目的一是明确在安全性、有效性上可以进行虚拟化配置的图书馆数字化业务及由此产生的服务器需求;二是明确服务器硬件进行虚拟化配置的可行性和目标数量,进而制订虚拟化服务器集群、物理服务器、网络和存储设备等机房计算机软硬件设备的整体配置计划。

(3) 为保障日后的安全运行,需要在机房计算机软硬件设备规划后,根据实际情况制订相应的电力配置、UPS 备用电源、空调通风、排水等基础和环境支撑设备计划。

(4) 考虑机房的安全设备。机房作为数字图书馆的运营核心,在安全上有很高的要求。根据机房规划范围,配备相应的视频监控系统。

4.2 机房硬件设备设施

1. 选型原则

网络的带宽和稳定性一方面体现在传输介质的选择上,另一方面也依赖于网络上的路由器、交换机和其他设备的性能,只有两者都发挥最大的优势才能保证网络的稳定性和安全性。中心机房不仅有各种各样的服务器、网络接入设备,而且还要有保障其运作的基础设施设备。必须保障这些设备 24 小时正常运行,一旦某个设备发生故障或断电都有可能导致服务终止或网络瘫痪,从而影响着整个机房的稳定和安全。尤其是其中的网络设备,任何一个串联设备宕机都将导致灾难性的断网后果,因此在网络设备选择过程中要遵循以下原则:

(1) 实用性和延续性。随着互联网的飞速发展,各种网络设备也在更新迭代,因此在网络工程的规划阶段就必须考虑到这点,一方面要保障设备的最大利用率,另一方面还要考虑未来几年设备的延续使用性。尤其是核心网络设备的升级和扩展,将直接影响后期整体网络的提升和优化。

(2) 稳定性和可扩充性。交换机作为局域网的中心节点,其稳定性将直接影响整个网络运行,不论是核心交换还是接入交换,都将直接影响最终用户的体验。因此,对于交换机来说,在网络规划初期就必须考虑各级设备的可扩展性,包括网络整体拓扑结构、设备的带宽和端口、产品的性能和升级等。只有这样,在后续的发展中用户的网络才不会陷入被动更新中。

(3) 标准性和开放性。不论是网络传输介质还是网络设备都应遵循国际标准、国家标准和行业标准,只有这样,不同的设备才能彼此互联,彼此兼容。否则,将导致各自为政,彼此孤立,整个网络的互联互通将无从谈起。

(4) 维护性和管理性。网络的建设不是一锤子买卖,而是贯穿整个网络生命周期的,除了早期的规划和建设,后续的维护和管理也是必不可少的。因此,网络设备的管理必须简单易学,便于维护。在日常的使用和管理中,设备的可操作性和易用性将直接影响用户体验,一旦设备有报警或故障,用户应能第一时间解决和处理。

2. 网络设备的主要分类

网络设备及部件是连接到网络中的物理实体。不论是有线网还是无线网,局域网还是广域网,在物理上都是由终端、传输介质、网络设备等连接和传输信息的,因此作为网络构成要素之一的网络设备是必不可少的。目前的网络设备可分为网络传输设备和网络安全设备,基本包括中继器、网桥、路由器、网关、交换机和防火墙等。

1) 中继器

中继器是一种早期的网络设备,它在物理层工作,连接不同的物理传输介质。中继器将收到的网络信号放大后再发送出去,起到扩展网络距离的作用。由于中继器只在物理层工作,对于通过的数据包,其上层的逻辑链路协议必须相同,否则中继器将无法工作,起不到传输放大信号的作用。集线器(Hub)就是具有多端口的中继器。虽然中继器可以用来扩展网络传输距离,但也不是无限制的,其连接的网络都在一个广播域内,如果连接终端很多,那么产生的数据包也必定很多,广播风暴的风险就很大。由于中继器没有隔离和过滤功能,它不能阻挡异常数据包的传输,当一个分支出现故障时,将可能影响到其他的网络分支。目前,中继器已基本上不再使用,集线器也逐渐被交换机所取代。

2) 网桥

网桥在数据链路层工作,也叫桥接器,是连接两个局域网的一种存储/转发设备。因此,OSI 参考模型的数据链路层以上各层的信息对网桥来说是毫无作用的,协议的理解依赖于各自的计算机。

网桥不仅具有中继器的功能和特性,可以连接不同的传输介质,而且还能连接不同的物理网络,如以太网和令牌网,能够扩展网络范围,在更大的范围内传送数据包。网桥能够将一个较大的局域网根据需求分割成多个网段,或将两个以上的 LAN 互联为一个逻辑 LAN,从而降低数据传输的瓶颈。目前局域网内网桥也很少见到,更多的是交换机。

3) 路由器

路由器在网络层工作,可以连接不同类型的网络,以便不同网络上数据包的交换和路由,是网络层的数据包转发设备。路由器不对广播进行转发,从而提高网络的性能。另外,如果路由器连接的网络高层使用不同的协议,则需要用多协议路由器进行互联,它可以处理不同分组的路由选择与分组转发问题。虽然路由器对网络进行物理分段的方式和网桥差不多,但比起网桥,路由器不仅能过滤和分隔网络信息流,还能对通过的数据包进行访问,以便提高数据包的传输效率。

路由器比网桥慢,主要用于广域网或广域网与局域网的互联。桥由器(BRouter)是网桥和路由器的合并。

4) 网关

网关又称网间连接器、协议转换器,是 WAN-WAN 的互联设备之一,用于异构网络的互联。网关既可以用于广域网的互联,也可用于局域网的互联,网关把收到的信息重新打包以适应目的系统的要求,是一种充当转换重任的计算机设备。

5) 防火墙

防火墙可再分为硬件防火墙和软件防火墙。硬件防火墙是指把防火墙程序写入芯片中,将芯片和底层操作系统集成到一台物理设备上,由操作系统直接调用硬件执行这些功能,从而减少不必要的应用开销和风险,保证防火墙的安全稳定。

防火墙是用来隔离安全等级不同的网络的,因此,部署在局域网边界上,用以隔离互联网和局域网的防火墙叫作边界防火墙;部署在数据中心网络前,用以隔离局域网和数据中心的防火墙称作内网防火墙。总之,防火墙是保障不同安全级别网络的一道重要屏障,它的安全性和稳定性直接关系到受保护网络的安全。

防火墙属于网络安全设备,随着信息技术的发展,越来越多的安全设备加入进来,使得网络设备的类型不断丰富,例如负载均衡设备、入侵检测设备、流量控制设备、上网行为管理设备等等,这里就不再一一赘述了。

6)交换机

交换机可以看作高档的集线器,有时也叫交换式集线器,是一种具备信息交换功能的网络设备。传统上我们把具有流量控制能力的多端口网桥叫作二层交换机;把路由技术引入交换机,使交换机可以完成网络层路由选择功能的称为三层交换机。

交换机拥有一条很高带宽的背部总线和内部交换矩阵。交换机的所有端口都挂接在这条背部总线上,控制电路收到数据包以后,处理端口会查找内存中的地址对照表以确定目的 MAC(网卡的硬件地址)的 NIC(网卡)挂接在哪个端口上,通过内部交换矩阵迅速将数据包传送到目的端口,只有目的 MAC 不存在时,才广播到所有的端口,接收端口回应后交换机会"学习"新的地址,并把它添加到内部 MAC 地址表中。使用交换机也可以把网络"分段",通过对照 MAC 地址表,交换机只允许必要的网络流量通过交换机。通过交换机的过滤和转发,可以有效地隔离广播风暴,减少误包和错包的出现,避免共享冲突。

交换机在同一时刻可进行多个端口对之间的数据传输。每一端口都可视为独立的网段,连接在其上的网络设备独自享有全部的带宽,无需同其他设备竞争使用。当节点 A 向节点 D 发送数据时,节点 B 可同时向节点 C 发送数据,而且这两个传输都享有网络的全部带宽,都有着自己的虚拟连接。假设这里使用的是 10 Mbps 的以太网交换机,那么该交换机此时的总流通量就等于 2×10 Mbps$=$ 20 Mbps,而使用 10 Mbps 的共享式 Hub 时,一个 Hub 的总流通量也不会超过 10 Mbps。

总之,交换机是一种基于 MAC 地址识别,能完成封装转发数据包功能的网络设备。交换机可以"学习"MAC 地址,并把其存放在内部地址表中,通过在数据帧的始发者和目标接收者之间建立临时的交换路径,使数据帧直接由源地址到达目的地址。

7)其他网络设备

① 网卡。网卡是计算机或其他网络设备所附带的适配器,用于计算机和网络间的连接。每一种类型的网卡都是分别针对特定类型的网络设计的,如以太网、令牌网、FDDI 或无线局域网。网卡使用物理层(第一层)和数据链路层(第二层)的协议标准进行运作,主要定义了与网线进行连接的物理方式和在网络上传输二进制

数据流的组帧方式。此外,还定义了控制信号,为数据在网络上进行传输提供时间选择的方法。

② 集线器。集线器是最简单的网络设备。计算机通过一段双绞线连接到集线器。在集线器中,数据被转送到所有端口,无论与端口相连的系统是否按计划要接收这些数据。除了与计算机相连的端口外,即使在一个非常廉价的集线器中,也会有一个端口被指定为上行端口,用来将该集线器连接到其他的集线器上以便形成更大的网络。

③ 调制解调器。调制解调器是一种接入设备,将计算机的数字信号转译成能够在常规电话线中传输的模拟信号。调制解调器在发送端调制信号并在接收端解调信号。许多接入方式都离不开调制解调器,如56k的调制解调器、ISDN、DSL等。它们可以作为内部设备,插在系统的扩展槽中;作为外部设备,插在串口或USB端口中;作为专为诸如手提电脑等系统中使用而设计的设备等。

4.2.1 物理服务器

随着互联网的迅速发展和终端电子产品的普及,图书馆行业也必须与时俱进,不然必将被边缘化和淘汰,因此,公共图书馆在提升服务的同时,自身的信息化和数字化建设也必须加快步伐,跟上时代。这就要求做好基础设施的建设和更新换代,如机房动力环境系统、网络系统、服务器系统和存储系统等。这些基础设施需要合理地规划其生命周期和更替原则,不然图书馆的智能化必将受到限制。

1. 概述

从广义上讲,服务器作为网络上的一个节点,是管理、存储和处理绝大部分数据信息,并为用户提供某些服务的高性能计算机系统。例如一台普通的电脑,如果其在网络中对外提供FTP服务,也可称之为服务器。

从狭义上讲,相对于普通台式电脑来说,服务器在稳定性、安全性等方面都要求更高,其内部的处理器、主板、内存、磁盘等硬件和普通计算机有所不同,在质量与处理数据性能上要更加高效。

物理服务器的构成包括处理器、硬盘、内存、系统总线等,但是因为需要提供更高的服务,所以对其各方面的要求都比普通的电脑更高。物理服务器也好比我们普通的电脑,只是物理服务器的配置更高,更适合长时间运行,并且操作系统也与个人电脑的操作系统略有差异,能够更好地满足业务系统的运行。

2. 分类

服务器的分类多种多样,标准也各不相同。例如按照处理器个数,可以分为多路、双路和单路服务器;按照应用级别,可以分为企业级、部门级和工作组级服务器;按照服务器的外形特征,可以分为塔式、机架式和刀片服务器;按照处理器架构,可以分为RISC架构服务器和IA架构服务器,后者包括CISC(复杂指令集)架构服务器和 VLIW(超长指令集)架构服务器两种。

1) 塔式服务器、机架式服务器和刀片服务器

塔式服务器出现得比较早,从外形上看像是大号的台式计算机,不论是体型还是内部性能,都比普通 PC 强很多,只是外形尺寸各异,没有统一的标准。由于要保证服务器的稳定性和可靠性,其内部的冗余扩展部件并不单一,从而使其体型较大。

机架式服务器比塔式服务器要小得多,从外形上看像是大号的交换机,一般部署在机柜内,有序排放。根据机柜的大小,可以架设 1U、2U、4U 等不同规格的服务器。

刀片服务器是一种 HAHD(高可用、高密度)的低成本服务器平台,是专门为特殊应用行业和高密度计算环境设计的,其中每一块"刀片"实际上就是一块系统母板、一个独立的服务器,相互之间没有关联,不过可以通过系统软件将这些"刀片"集合成一个服务器集群,共用系统背板、冗余电源、冗余风扇、网络端口和外部设备。

2) RISC 架构服务器和 IA 架构服务器

RISC(精简指令集)架构服务器的指令系统相对简单,只执行最常用的那部分指令,大部分复杂的操作通过编译技术由简单指令合成。由于 RISC 架构服务器采用的是封闭式发展策略,不管是服务器硬件还是系统软件,都是由各自的厂商运维自己的产品。主要的 RISC 处理器芯片厂商有 Sun 公司、Fujitsu 公司的 SPARC 系列处理器,IBM 公司的 POWER 系列处理器,HP 公司的 PA-RISC 和 ALPHA 处理器,以及 MIPS 公司的 MIPS 等。

IA 架构服务器采用了开放体系结构,主要有 CISC 架构服务器和 VLIW 架构服务器,有影响的 IA 服务器制造商有 IBM、HP 和 DELL 等,其中技术领头者是 CPU 制造商 INTEL。

在 CISC 微处理器中,程序的各条指令是按顺序串行执行的,每条指令中的各个操作也是按顺序串行执行的,因此导致计算机各部分的利用率不高,执行速度也慢,但优点是控制简单。

VLIW 架构采用了先进的 EPIC 设计,简化了处理器结构,删除了处理器内部许多复杂的控制电路,从而使芯片制造成本降低,能耗减少,但性能却比超标量处理器高很多。

3) 入门级、工作组级、部门级和企业级服务器

按服务器档次或所处的网络规模划分,是日常生活中最常见的划分方法,主要与服务器在网络中所服务的范围和应用层次以及服务器的综合性能有关,与服务器自身软硬件无关。按这种方法把服务器分为入门级、工作组级、部门级和企业级服务器。

3. 特点

作为一台服务器,有两个特点是必备的,一是服务器必须应用在网络计算环境

中,二是服务器要为网络中的客户端提供服务。一台脱离了网络的服务器是没有太大意义的,即使配置再高,也只能被称作一台高性能计算机,无法实现为客户端提供网络服务的功能。在网络中,服务器为客户端提供数据存储、查询、转发、发布等功能,维系着整个网络环境的正常运行。

4. 性能指标

服务器是网络的核心设备之一,如何选择与网络规模相适应的服务器是决策者和技术员都要考虑的问题,服务器的性能指标可以从下述几个维度来衡量。

(1) 性能要稳定。要想保证网络应用服务稳定正常,那么所选择的服务器就必须确保稳定,一个配置再高、软硬件再先进而性能却不稳定的服务器,也是不能保障网络服务正常运行的,甚至会给用户带来巨大损失。因此,选择一台性能稳定的服务器不仅可以保证业务的稳定正常,而且也为用户节省了维护经费。

(2) 够用为准则。对于大小不同的项目来说,用户的资金都是有限的,对于服务器的采购不仅要考虑其服务档次和软硬件的先进性,而且也要考虑到资金的限制。对于一般用户来说,最重要的是根据具体项目的实际情况,有针对性地选择既能满足目前信息化建设的需要,又不必投入太多资金的方案。

(3) 考虑扩展性。互联网在发展,技术在更新,对各种应用服务器的性能也在不断提出更高、更新的要求。为了减少更换服务器所带来的额外开销和对业务的影响,选择采购服务器时应考虑到今后的升级扩展需求。

(4) 易操作管理。如果服务器产品具有很好的易操作性和可管理性,那么当机器出现故障时就无需等待售后厂商上门排查,用户自己就可以处理和解决。因此,在选择服务器产品时,除了考虑产品的性能外,简易的操作和管理也是降低成本的因素之一。

(5) 售后服务好。服务器的使用和维护包含一定的技术含量,这就要求操作和管理服务器的人员必须掌握一定的使用知识。因此,不仅要选择好的服务器产品,还要选择售后服务好的供应商,这也是信息化项目建设要考虑的重点之一。

5. 选型原则和要求

对服务器设备选择时,应根据不同应用采购不同配置的服务器,因为不同的应用对服务器配置的要求侧重点是不同的。为避免资金和服务器资源的浪费,需要考虑以下原则。

(1) 数据库是信息化建设中最常见的一种应用,数据库服务器可以将内部数据进行合理存储和组织,使信息的检索和查询执行更为有效。数据库服务器要处理大量的 I/O 请求和数据传送,对内存、磁盘和 CPU 的运算能力要求都很高,因此数据库服务器的选择应从内存、磁盘、处理器三者合理搭配的角度考虑。

(2) 文件服务器为网络用户提供文件访问、目录并发控制和安全保密措施,承载大容量数据在服务器和用户磁盘之间的传输,对网速和磁盘具有较高的需求。因此选择文件服务器需优先考虑网络系统、磁盘系统和内存。

（3）Web 服务器也叫网站服务器，如果 Web 站点是静态的，对服务器硬件的选择优先级从高到低依次是网络系统、内存、CPU。如果是动态的站点，选择的顺序则为内存、CPU、磁盘子系统和网络系统。

（4）邮件服务器对实时性要求并不高，对 CPU 的性能要求也不是很高，但由于要支持一定数量的并发连接，需要优越的网络子系统和内存容量，在选择邮件服务器时需依次考虑内存、磁盘、网络系统和 CPU。

（5）对老旧服务器，特别是确实已不再需要的服务器就要关机；对还遗留在老旧服务器上的应用，可考虑将业务迁移至虚拟机中；如需新购置服务器，应选择市场主流品牌且能耗低的设备，确保性能稳定可靠。

4.2.2　服务器虚拟化

服务器虚拟化是指将一台高性能计算机通过虚拟化技术模拟出若干台逻辑上独立的计算机系统，这些逻辑上独立的计算机系统被称为虚拟机（virtual machine，VM），它们彼此之间相互独立，毫不相干，可以看作一台台独立的服务器，每台虚拟机都拥有独立的软硬件系统。虽然这些虚拟机的硬件看似独立，但它们并不是真实独立存在的，而是通过虚拟化技术将原来的高性能服务器的硬件逐个虚拟划分出来。例如，原先高性能服务器的物理内存为 32 G，通过虚拟化技术虚拟出 10 台服务器，这样在静态环境下，我们可以给每台虚拟机配置的内存容量为 3 G，如果应用动态分配技术，每台虚拟机的内存最高可分配到 8 G。其他的 CPU、磁盘等硬件分配技术亦如此，即每台虚拟机硬件的工作实际是由原来高性能服务器的硬件完成的。利用服务器虚拟化技术可以充分发挥高性能服务器的硬件性能，能够确保用户资源的合理高效应用，不仅节约了能源，还降低了成本。对于图书馆数字化来说，随着各种各样应用服务的上线，在有限的资金支持下，图书馆可以通过服务器虚拟化技术快速提升服务规模。

1. 服务器虚拟化规划原则

在中心机房建设规划初期，虚拟化就必须考虑进去，或者对于服务器项目的改造，同样需要在建设初期对机房虚拟化进行评估和设计，以决定合理可行的虚拟化架构和方案。

对于机房服务器虚拟化项目来说，首先，要确定我们要将哪些应用由物理服务器迁往虚拟机，这些应用是否支持虚拟机部署；其次，我们现有的物理服务器是否满负荷运行，是否支持虚拟化，是否要重新采购高性能服务器以搭建虚拟化平台；最后，我们目前机房的网络、存储环境是否支持虚拟化，是否要进行大规模的改造或者重新规划，等等。这些硬性因素直接决定和制约着机房服务器虚拟化项目的可行性和难易性。

举个例子来说。某一机房目前有 12 台性能一般的物理服务器、2 台塔式服务器和 10 台机架式服务器。这种情况下，单个服务器的性能无法满足一般的应用部署，也就是将服务器虚拟化后意义不大，那么我们就需要考虑采购高性能的服务器或将其中若干台服务器集群后虚拟化。一般情况下，不同型号和配置的机器是不能集群虚拟化的，因此必须选择型号配置一致的物理服务器做集群虚拟化。再如，这 10 台机架式服务器有 80% 的机器的设备利用率均达到 70% 以上，那么在这种情况下，基本上就无法利用现有服务器来构建服务器虚拟化了，必须重新采购或进行大的应用调整。如果这 10 台机架式服务器的利用率都很低，为了设备的最优化利用和减少投资，我们可以从中选择一些服务器进行服务器集群。

2. 特点

① 分区。通过虚拟化技术将一台物理服务器虚拟为多台逻辑计算机，将该物理服务器的硬件资源逻辑上分配给这些虚拟机使用。

② 隔离。通过服务器虚拟化，可以在一个物理服务器上同时运行 N 个操作系统，且系统间相互隔离，互不影响，合理利用了服务器的硬件资源。

③ 封装。单台虚拟机无论是硬件还是软件都是以文件的形式存在的，也就是用文件来封装虚拟机，这样就可以像复制文件一样来移动或复制虚拟机。

④ 独立于硬件。虚拟机的备份和迁移不依赖于硬件，无需修改即可在任何服务器上运行虚拟机。

3. 虚拟化软件使用

虚拟化软件是指先通过软件模拟出一个完整的计算机系统，然后再将操作系统等软件安装于这台虚拟机上，看上去就像一个实实在在的计算机一样。

虚拟化软件有的是在既有操作系统上执行，有的则比操作系统更先安装至电脑中。一般是在一部电脑上模拟多个虚拟化环境，然而更先进者也能将多部电脑以虚拟化技术融合成单一的虚拟化客体环境。

Hypervisor 又称虚拟机监视器（virtual machine monitor，VMM），是一种在虚拟环境中的"元"操作系统，用来建立与执行虚拟机的软件、固件或硬件。它不但协调着这些硬件资源的访问，同时也在各个虚拟机之间施加防护。常见的 Hypervisor 有两种类型：一种是直接运行在物理机硬件上，不需要底层操作系统；另一种需要先安装传统的操作系统，Hypervisor 运行在操作系统上。通过使用 Hypervisor，大大提高了虚拟化平台的可伸缩性、可用性和可管理性。使用终端服务（terminal service）提供的显示虚拟化（presentation virtualization），可以避免分布式应用程序的部署问题。终端服务可以帮助监控网关连接状态、事件和健康状况。

目前主流的虚拟化软件大概分为以下三款。

1）思杰的服务器虚拟化平台 XenServer

XenServer 是思杰公司推出的一款全面而易于管理的服务器虚拟化系统，它无需底层原生操作系统的支持，基于 Xen Hypervisor 程序之上，本身就具备了操作系统的功能,能直接安装在服务器上引导启动并运行。

XenServer 是经过验证的企业级虚拟化平台,可提供创建和管理虚拟基础架构所需的所有功能。免费版 XenServer 配备有 64 位系统管理程序和集中管理、实时迁移及转换工具,可创建一个虚拟平台来最大限度地提高虚拟机密度和性能。Premium 版 XenServer 扩展了这一平台,可实现管理流程的集成和自动化,是一种先进的虚拟数据中心解决方案。

随着 XenServer 版本的更新,加强了针对数据中心整合的服务器虚拟化功能,通过虚拟机迁移技术、增强的网络连接和安全特性、更好的兼容能力以及自动化虚拟机转换工具,思杰的 XenServer 具有以下几大特征:

① XenServer 6.2 是完全免费开源的。作为一种特别高效的技术,Xen 系统管理程序不仅资源占用极少,而且 Xen 技术被看作业界最快速、最安全的虚拟化软件。

② 将 IT 部门转变为业务部门。通过及时了解用户活动、系统性能和能力以及 IT 服务使用情况,IT 部门可以引入基于实际应用情况的成本中心计费模式,前瞻性地管理服务等级协议(SLA),预测容量规划,有效地整合应用与服务器。

③ 资源优化。管理员可对 CPU、网络和磁盘进行细粒度控制,并可设置优先级水平,为虚拟机系统提供最佳性能。另外,最新版 XenServer 使用的内存更少,同时改善了虚拟基础架构的性能和扩展性。

④ 动态工作负载置备。可利用单个共享操作系统镜像,采用流技术将服务器工作负载按需分配到多个物理或虚拟服务器,这将大大降低补丁和更新管理的成本,同时大大减少操作系统和应用镜像在企业中的存储空间。

据思杰官网介绍,免费开源的 XenServer 6.2 主要有三大亮点:一是水平扩展与性能的增强,每台主机可运行 500 台虚拟机与 4000 个虚拟 CPU;二是支持 Windows 8 与 Windows Server 2012;三是桌面虚拟化集成,XenServer 经过 XenDesktop 优化,可提供 IntelliCache、Dynamic Memory Control、最低 TCO 和最佳性能。

2) 微软的服务器虚拟化软件 Hyper-V

微软的服务器虚拟化软件 Hyper-V 是微软提供的一种系统管理程序虚拟化技术,是微软第一个采用类似 VMware 和思杰开源 Xen 一样的基于 hypervisor 的技术。Hyper-V 设计的目的是为广泛的用户提供更为熟悉且成本效益更高的虚拟化基础设施软件,这样可以降低运作成本、提高硬件利用率、优化基础设施并提高服务器的可用性。

目前,大多数潜在的子操作系统都还没有意识到虚拟化,它们以为是直接在服务器硬件上运行,因此需要使用 Hyper-V 提供的硬件模拟。

Hyper-V 的重要特性是多处理器的虚机。Hyper-V 支持 4 CPU 的 Windows Server 2008 虚机和 2 CPU 的 Windows Server 2003 虚机。如果服务器工作负载需要很高的性能,我们可以考虑用 2 CPU 或 4 CPU 的 Hyper-V 虚机对其进行虚拟化。当然,只有当工作负载确实需要的时候,才应该使用多处理器虚机,因为拥有更多的处理器会带来一些额外的开销。

微软在 Hyper-V 和 Windows Server 2008 内核里加入创新设计,尽可能防止出现自旋锁的长时间等待条件,如果确实存在长时间等待条件,也会有效地加以检测并对其进行处理。微软还对 hypervisor 进行设计,包括调度程序和内存虚拟化逻辑,以使它们在大多数临界区中都不会锁定,从而确保多处理器系统能够获得很好的延展性。

Hyper-V 支持高可用性集群,集合 VSS 执行在线备份,管理工具易于创建和管理虚拟机,Hyper-V 占用空间小,支持控制环境的嵌入设备和安全性能。微软的 Hyper-V 和系统中心一系列工具正好提供给用户使用虚拟机和解决管理问题的方案。另外 Hyper-V 仅仅是整个虚拟化的一部分,微软将通过提供便宜的 hypervisor 和管理工具,大幅降低它的门槛。

3) VMware 的服务器虚拟化软件 ESX Server

VMware 的服务器虚拟化软件 ESX Server 是在通用环境下分区和整合系统的虚拟主机软件,同时也是一个具有高级资源管理功能的高效、灵活的虚拟主机平台。

VMware 的虚拟化架构分为寄居架构和裸金属架构两种。寄居架构是安装在操作系统上的应用程序,依赖于主机的操作系统对设备的支持和对物理资源的管理。裸金属架构是直接安装在服务器的硬件上,并允许多个未经修改的操作系统及其应用程序在共享物理资源的虚拟机中运行。

VMFS(virtual machine file system)则是封装 ESX Server 的存储载体。ESX 的虚拟层级实际上包裹了硬件,ESX 创建了一个硬件接口层(hardware interface layer),所有虚拟机如果想跟硬件通信,必须经过这个硬件接口层,完成诸如内存偏移转换的工作。

在 ESX 中,虚拟机的虚拟设备驱动与 ESX 内核里的物理设备驱动直接相互连接。ESX 虚拟机可以为其虚拟设备使用现成的驱动。这不仅能提供高性能,还能提供更广泛的操作系统支持。然而在这个模型里,新的设备驱动必须导入到 ESX 内核中。为解决 I/O 虚拟化的平衡问题和复杂性问题,一些设备厂商在芯片组和 I/O 设备中引入了虚拟化支持。

除可通过兼并服务器减少设备购买及维护成本外,亦可通过效能的尖峰、离峰需求,以 VMotion 技术在各服务器或刀片服务器之刀板间弹性动态迁移系统平台,让 IT 人员做更有效的资源调度,并获得更安全周密的防护,当系统发生灾难时,可在最短时间迅速恢复系统的运作。

可以这么说,ESX Server 是适用于任何系统环境的企业级虚拟计算机软件,为大型机级别的架构提供了空前的性能和操作控制。VMware ESX Server 的架构是建立在直接执行(直接在硬件上运行用户级的虚拟机编码)和二进制译码(对特权级别编码进行动态编译)的基础上,甚至不能直接应用 Linux 驱动程序。ESX 服务器可以使大多数能在 x86 上执行的操作系统都能在虚拟机上运行,而不需要进行任何修改。

综上所述,服务器虚拟化技术已成为一种共识、一种行之有效的提高服务器设备利用率的基础技术方案。对于一般用户来说,将高性能服务器的物理资源,例如 CPU、内存、磁盘等硬件最大化地利用起来,让这些硬件都变成可以动态管理的"资源池",实现一机多用,不仅节约了能源、降低了经济成本,而且还简化了系统管理、减少了空间浪费,实现了服务器的集群和应用的整合,让传统的服务器变得更具有适应力和可持续性。虚拟化技术在其中起到了关键性的作用。

4.2.3 存储设备

1. 概述

存储系统是计算机的重要组成部分之一。存储系统提供写入和读出(I/O)计算机工作需要的信息(程序和数据)的能力,可实现计算机的信息记忆功能。现代计算机系统中常采用寄存器、高速缓存、主存、外存的多级存储体系结构。

内部存储器(简称内存)主要存储计算机当前工作需要的程序和数据,是计算机的重要部件之一。内存包括高速缓冲存储器(cache)和主存储器,是 CPU 能直接寻址的存储空间,由半导体器件制成。外部存储器(简称外存)又称辅助存储器,用来存储程序、数据以及各种软件资源,容量一般比较大。常用的外存有磁盘、光盘、磁带、移动存储器等。

现代计算机系统常采用多级存储体系结构,其中存储速度最快的存储器是内部存储器,并由 CPU 直接随机存取。存储器的速度越快,容量就越小,价格就越高。采用这种组织方式能较好地解决存储容量、速度和成本之间的矛盾,提供一个在价格、容量上逻辑等价于最便宜的那层存储器,而访问速度接近于存储系统中最快的那层存储器的选择。

对中心机房先进行存储分析,检查已规划好的存储空间中存储的利用率达到多少,是否有很多已分配的空间还没有很有效地利用起来,造成存储空间的浪费。为减少存储空间的浪费,提高存储的利用率,可以自动精简配置技术,给服务器分配虚拟化的磁盘空间,而实际的使用空间只在需要时使用;然后分析有多少重复数据,有哪些重复数据可以通过重复数据删除技术来删除以减少存储空间。此外,中心机房的很多存储内容可能存储在多个厂家的存储设备上,而这些存储空间也往往不能安全地分配使用,形成存储孤岛,可以考虑使用存储虚拟化技术,提高存储利用率。对不常用的数据,分析是否可以通过合理的规划,将其放到 SATA 硬盘上保存。

存储虚拟化是将实际的物理存储实体与存储的逻辑表示分离开来,应用服器只与分配给它们的逻辑卷打交道,而并不关心其数据是在哪个物理存储实体上。

虚拟存储是介于物理存储设备和用户之间的一个中间层,这个中间层屏蔽了物理存储设备,呈现给用户的是逻辑设备。用户对物理设备的管理和使用是通过虚拟存储层的映射,对逻辑设备进行管理和使用的。用户所看到的存储空间不是具体的物理存储设备,用户所管理的存储空间也不是具体的物理存储设备。根据存储虚拟化实现的方式不同,可以划分为三个层次:基于主机的虚拟化、基于存储设备的虚拟化和基于网络的虚拟化。

2. 存储系统

数字资源有两类数据:描述元数据和数字资源文件。元数据对于存储空间大小没有过高的要求,普通数据库系统即可满足。数字资源文件自身差别很大,电子书、期刊等所占空间较小,而影视等多媒体资源空间需求则特别大,如果考虑为读者、用户提供最好的播放体验,还要做转码、分片处理等,这些媒体文件从小码率到大码率、不同分辨率及高速摄像,文件大小从几 G 到几百 G 不等,对于存储容量要求很高。

为了适应网络上多人并发阅读、播放和不同带宽下的流畅阅读、播放,支持不同种类的本体文件,实现存储空间在线动态扩容,就需要对片源文件进行不同码率下的各种转换,并针对不同播放协议提供相应格式的视频文件,因此对存储容量的要求很高。

为保障点播体验,播放文件会被预先创建到存储空间中。图书馆会定期拍摄制作特色资源,或开展各种活动并直播、录制、加工成特色资源库,为图书馆用户和社会民众提供数字资源阅览服务。这也需要很大的存储空间。

除了存储容量的要求外,对 I/O 的速度要求也很高。在 I/O 方面可以采用分布式存储,基于 MPP 算法,从多块磁盘中拼接一个文件供用户访问,大大提高了 I/O 速度。

传统存储系统有很多,这里主要介绍以下 3 种架构。

(1) DAS(direct-attached storage,直连式存储)。在这种方式中,存储设备是通过电缆(通常是 SCSI 接口电缆)直接连接到服务器总线上,存储设备只与一台独立的服务器连接,输入输出请求直接发送到存储。DAS 依赖于服务器,其本身是硬件的堆叠,不带有任何存储操作系统。可以说 DAS 是最原始、最基本的存储架构方式,在个人电脑、服务器上也最为常见。DAS 的优势在于架构简单、成本低廉、读写效率高等;缺点是容量有限、难于共享,从而容易形成"信息孤岛"。

(2) NAS(network-attached storage,网络存储系统)。顾名思义,NAS 就是存储设备通过标准的网络拓扑结构添加到一群计算机上,存储系统不再附属于某个特定的服务器或客户机,用户可以通过网络来访问。NAS 支持多客户端同时访问,为服务器提供了大容量的集中式存储,从而也方便了服务器间的数据共享。

(3) SAN(storage area network,存储区域网络)。SAN 是通过光纤交换机等

高速网络传输中继设备将一个或多个网络存储设备和服务器连接起来的专用存储系统。SAN主要采取数据块的方式进行数据和信息的存储,目前主要使用于以太网和光纤通道两类环境中。SAN与NAS的区别在于SAN提供块级别的访问接口,一般并不同时提供一个文件系统。通常情况下,服务器需要通过SCSI等访问协议将SAN存储映射为本地磁盘,并在其上创建文件系统后进行使用。目前主流的企业级NAS或SAN存储产品一般都可以提供TB级的存储容量,高端的存储产品也可以提供高达几个PB的存储容量。

3. 单机存储

单机存储对于客户来说,维护和管理最为简单。它的形式既可以是1,也可以是1+1。1就是真正意义上的一体机,计算和存储位于一台物理机中,缺点是数据安全容量有限,扩充受限于机体能力。1+1是把计算和存储从一体物理机一拆为二,单独的存储相较一体机更容易扩展一些。在技术上,采用虚拟机文件系统,隔离低层硬件的增加,例如新增磁盘时,不会影响对外的服务等。

4. 集群存储

集群存储方式依靠网络来连接各个群集节点,带来了扩容和安全上的便利,满足了图书馆中数字资源长久存储的需求。但这种方式投入较大、维护专业化要求较高。

5. 云存储

云存储是一种网上在线存储技术,数据存放在由第三方运营商提供的存储系统中,用户通过向运营商购买或租赁存储空间的方式来满足自身的数据存储需求,而第三方运营商负责大型数据中心的部署和维护工作。云存储是在云计算概念上延伸和衍生出来的一个新概念,运营商在后端准备存储虚拟化的资源,并将其以存储资源池的方式提供给客户。因此,使用云存储的用户自己不需要搭建数据中心,也不需要关心底层存储系统的管理和维护等工作,只需根据自身的需求来使用存储资源池中存放的文件或对象。

云存储通过运营商来集中、统一地部署和管理存储系统,降低了数据存储的成本,从而也降低了大数据行业的准入门槛,为中小型企业进军大数据行业提供了可能性。例如,著名的在线文件存储服务提供商Dropbox,就是基于AWS(amazon web services)提供的在线存储系统S3创立起来的。在云存储兴起之前,创办类似于Dropbox这样的初创公司几乎不太可能。

云存储使用的存储系统多采用分布式架构,随着新的应用场景的增加,云存储在设计上也遇到了新的问题和需求。例如,云存储在管理系统和访问接口上大都需要解决如何支持多租户的访问方式,而在多租户环境下就无可避免地要解决诸如安全、性能隔离等一系列问题。另外,云存储和云计算一样,需要解决的一个共同难题就是关于信任的问题——如何从技术上保证企业的业务数据放在第三方存储服务提供的平台上的隐私和安全。

云存储可以把原来集群存储的建设费用、管理维护费用、日常耗材费用等转嫁到云存储服务提供商处，由服务商集中统一处理。存储、管理规模化带来的红利就是图书馆总体成本的降低，以及由于合理分工使得服务商和图书馆能够各自专注自身专业的事情。

形式上，云存储把原本分散在各地的存储集中到一处，通过网络供各地使用。技术上，依托云操作系统来管理计算和存储，通过冗余、分布等措施保障数据安全，并通过在线扩容保障容量无缝满足需求。

将存储作为服务的形式提供给用户，云存储在访问接口上一般都会秉承简洁易用的特性。例如，亚马逊的 S3 存储通过标准的 HTTP 协议、简单的 REST 接口进行存取数据，用户分别通过 GET、PUT、DELETE 等 HTTP 方法进行数据块的获取、存放和删除等操作。出于操作简便方面的考虑，亚马逊 S3 服务并不提供修改或重命名等操作；同时，亚马逊 S3 服务也不提供复杂的数据目录结构，而仅仅提供非常简单的层级关系；用户可以创建一个自己的数据桶，而所有的数据则直接存储在这个数据桶中。另外，云存储还要解决用户分享的问题。亚马逊 S3 存储中的数据直接通过唯一的 URL 进行访问和标识，因此，只要其他用户经过授权，便可以通过数据的 URL 进行访问。

存储虚拟化作为云存储的重要基础技术之一，是用于简化原本复杂的底层基础架构的技术，其将资源的逻辑映像与物理存储分开，为用户提供简化的资源虚拟视图。通过存储虚拟化技术，云存储可以实现很多新的特性，如用户数据在逻辑上的隔离、存储空间的精简配置等。

实现的效果就是：线下极度凝聚，设施健壮，线上极度分散，满足各方并发需求。

云存储将会采用 OpenStack 中的 Swift 来提供高可用、健壮的块级和对象级存储，灵活满足项目需求（图 4.1）。其中的对象级存储可很好解决标识符的生成、存储、维护的需求。

6. 分布式存储系统

随着 5G、人工智能、区块链、云计算和大数据等科技的发展，传统的存储（如 NAS 或 SAN）在数据存储安全和可靠性上都已无法满足需求，而具有可扩展能力的分布式存储就可以很好地解决这一痛点。分布式存储利用多台存储服务器分担存储负荷，将数据分散存储在多台独立的设备上，利用位置服务器定位存储信息，因此单位容量的存储成本大大降低，且系统的可靠性、可用性和存取效率均得到了提高。此外，分布式存储在维护性和容灾性等方面也具有一定的优势。

分布式存储系统需要解决的关键技术问题包括可扩展性、数据冗余、数据一致性、全局命名空间缓存等。从架构上来讲，大体上可以将分布式存储分为 C/S (client/server) 架构和 P2P (peer-to-peer) 架构两种，也有一些分布式存储中会同时存在这两种架构方式。

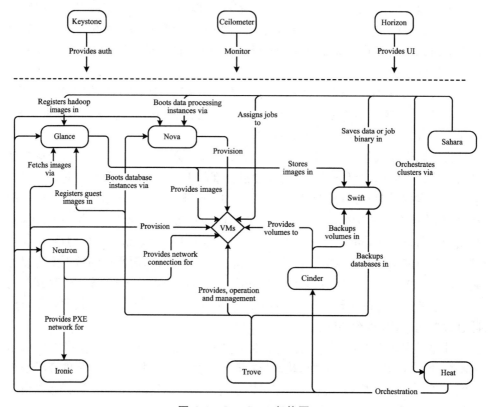

图 4.1 OpenStack 架构图

分布式存储面临的第一个问题就是数据分片,为了保证可靠性和可用性,数据需均匀地分布到多个存储节点,这就带来了多个副本的数据一致性问题。另外,如何组织和管理成员节点,如何建立数据与节点之间的映射关系,如何管理成员节点的动态增加或者离开,也是分布式存储系统需要解决和完善的地方。

4.3 机房基础软件系统

4.3.1 操作系统

1. 概述

操作系统(operating system,OS)是运行在硬件设备上的第一层软件,是计算机系统的核心与基石,也是部署和运行其他软件的基础平台。它是整个系统的控制管理中心,既管硬件,又管软件,为其他软件提供运行环境。

2. 定义

操作系统是管理计算机硬件和软件资源的程序,能有效地组织多道程序或指令集运行,并对系统内各项资源进行控制和调度,以减少资源人工分配的工作强度。操作系统也是人机接口部件之一。

3. 主要功能

为了能使计算机系统高效、可靠地运行,同时也为了方便用户使用,在计算机操作系统中,通常设有处理器管理、存储器管理、设备管理、文件管理、作业管理等功能模块。这五大功能组成了较完整的操作系统。

(1) 微处理器管理功能。在大型操作系统中,可存在多个微处理器,并同时管理多个作业。怎样选出其中一个作业进入主存储器准备运行,怎样为这个作业分配微处理器等,都由微处理器管理模块负责。微处理器管理模块不仅要对系统中各个微处理器的状态进行登记,而且要登记各个作业对微处理器的要求,同时还要用一个优化算法实现最佳调度规则,把所有的微处理器分配给各个用户作业使用,最终目的是提高微处理器的利用率。

(2) 内存管理功能。内存管理模块对内存的管理分三步:首先是为各个用户作业分配内存空间;其次是保护已占内存空间的作业不被破坏;最后是结合硬件实现信息的物理地址至逻辑地址的变换。因此,用户在操作中不必了解信息究竟在哪个具体空间即实际物理地址,就可以操作,方便了用户的使用。内存管理模块使用一种优化算法对内存管理进行优化处理,以提高内存的利用率。

(3) 外部设备管理功能。设备管理模块的任务是当用户要求某种设备时,应马上为用户分配,并按要求驱动外部设备以供用户使用。此外,对于外部设备的中断请求,设备管理模块要给予响应并处理。

(4) 文件管理功能。文件管理模块管理的范围包括文件目录、文件组织、文件操作和文件保护。

(5) 进程管理功能。进程管理也称作业管理,用户交给计算机处理的工作称为作业。进程管理模块对作业执行的全过程进行管理和控制。

4. 基本特征

计算机操作系统有四个特征:并发、共享、异步、虚拟。

(1) 并发。指两个或多个事件在同一时间间隔内发生,计算机系统中同时存在多个程序,并且这些程序是共同向前推进的。

(2) 共享。指操作系统程序和多个用户程序共用系统中的资源,而不是被其中一个独占。资源共享有两种方式:互斥访问和同时访问。

(3) 异步。由于程序的并发执行而系统资源有限,其运行时间和顺序以及多次运行的结果都不可能相同,必将导致进程的执行不是从头至尾一次性完成的,而是走走停停,以不可预知的速度向前推进,这就是进程的异步性。

(4) 虚拟。指通过技术手段把物理上的一个实体变成逻辑上的多个对应物,或把多个物理实体变成逻辑上的一个对应物。采用虚拟技术的目的是为用户提供易于使用、方便高效的操作环境。

5. 主要概念

操作系统包括多道程序系统、通用操作系统、个人计算机操作系统、单用户操作系统、多用户操作系统、网络操作系统、分布式操作系统等。

(1) 多道程序系统。计算机内存中同时驻留多道相互独立的程序,它们在管控程序下,相互穿插,轮流在 CPU 中运行。如果多道程序都处于运行中,并且都没有运行结束,当一道程序因某种原因而暂停运行时,CPU 便立即转去运行另一道程序。多道程序设计技术不仅使 CPU 得到充分利用,同时还改善了 I/O 设备和内存的利用率,从而提高了整个系统的资源利用率和系统吞吐量(单位时间内处理作业或程序的个数),最终提高整个系统的效率。多道程序系统的出现,标志着操作系统渐趋成熟,先后出现了作业调度管理、处理器管理、存储器管理、外部设备管理、文件系统管理等功能。其特点是:及时响应,每一个信息接收、分析、处理和发送的过程必须在严格的时间限制内完成;高可靠性,需采取冗余措施,双机系统前后台工作,也包括必要的保密措施等。

(2) 通用操作系统。具有多道批处理、分时处理、实时处理两种或以上功能的操作系统。

(3) 个人计算机操作系统。个人计算机上的操作系统是联机交互的单用户操作系统,它提供的联机交互功能与通用分时系统提供的功能很相似。

(4) 单用户操作系统。个人使用(整个系统由一个人操纵,使用方便);界面友好(人机交互的方式为图形界面);管理方便(根据用户自己的使用要求对系统进行管理);适于普及(满足一般的工作需求,价格低廉)。

(5) 多用户操作系统。分为网络操作系统和分布式操作系统。代表性的 Unix 系统具有更强大的功能和更多优点。

(6) 网络操作系统。网络操作系统是网络的平台和灵魂,是向网络计算机提供所需的各种服务和有效共享网络资源的操作系统。网络操作系统不仅具有通常操作系统的处理器管理、存储器管理、设备管理、文件管理和进程管理功能,而且还应具有高效、可靠的网络通信能力和提供多种网络服务功能的能力。如远程服务功能、文件传输服务功能、电子邮件服务功能,等等。

(7) 分布式操作系统。运行在不具有共享内存的多台计算机上的一组独立的计算机系统(无本地操作系统运行在各个机器上),对于用户来说就好像是一个系统。该系统可以动态分配通用的物理资源和逻辑资源,通过计算机网络实现物理和逻辑资源的信息交换。分布式操作系统是以一种传统单处理器操作系统的形式出现在用户面前的,尽管它实际上是由多处理器组成的。用户不用知晓他们的程序在何处运行或者文件存放于何处,这些都由操作系统自动、有效地处理。分布式系统通常允许一个应用在多台处理器上同时运行,因此,需要更复杂的处理器调度算法来获得最大的并行度优化。其特征是分布式处理、模块化结构、利用信息通信实施整体控制,具备透明性、灵活性、可靠性、高性能、可扩充性等特点。

6. 选择依据

服务器操作系统的选择需根据实际应用系统的实际要求。Windows 操作系统支持大部分应用程序。常见的操作系统有 DOS、OS/2、Unix、Xenix、Linux、Windows、Netware、CentOS 等。

4.3.2 数据库系统

数据库系统(data base system,DBS)通常由软件、数据库和数据库管理员(data base administrator,DBA)组成。其软件主要包括操作系统、各种宿主语言、实用程序以及数据库管理系统。数据库由数据库管理系统(data base management system,DBMS)统一管理,数据的插入、修改和检索均要通过数据库管理系统进行。数据管理员负责创建、监控和维护整个数据库,使数据能被任何有权使用的人有效使用。

1. 组成

数据库系统一般由 4 个部分组成。

(1) 数据库。指长期存储在计算机内的、有组织的、可共享的数据的集合。数据库中的数据按一定的数学模型组织、描述和存储,具有较小的冗余、较高的数据独立性和易扩展性,并可为各种用户共享。

(2) 硬件。构成计算机系统的各种物理设备,包括存储所需的外部设备。硬件的配置应满足整个数据库系统的需要。

(3) 软件。包括操作系统、数据库管理系统及应用程序。数据库管理系统是数据库系统的核心软件,是在操作系统的支持下工作,解决如何科学地组织和存储数据,如何高效获取和维护数据的系统软件。其主要功能包括数据定义、数据操纵、数据库的运行管理和数据库的建立与维护。

(4) 人员。主要有 4 类:第一类为系统分析员和数据库设计人员,系统分析员负责应用系统的需求分析和规范说明,他们和用户及数据库管理员一起确定系统的硬件配置,并参与数据库系统的概要设计;数据库设计人员负责数据库中数据的确定、数据库各级模式的设计。第二类为应用程序员,负责编写使用数据库的应用程序。这些应用程序可对数据进行检索、建立、删除或修改。第三类为最终用户,他们利用系统的接口或查询语言访问数据库。第四类是数据库管理员,负责数据库的总体信息控制。DBA 的具体职责包括:明确数据库中的信息内容和结构,决定数据库的存储结构和存取策略,定义数据库的安全性要求和完整性约束条件,监控数据库的使用和运行,负责数据库的性能改进、重组和重构,以提高系统的性能。

2. 特点

数据库管理系统对数据进行加工,将数据结构化存储并将存储粒度细化,使得数据具有良好的独立性和共享性,为用户提供友好的人机接口。数据模型是数据库系统的基础,数据库管理系统是数据库系统的核心。

3. 常见的数据库系统

(1) MySQL。MySQL 是一个关系型数据库管理系统(relational database management system,RDBMS),由瑞典 MySQL AB 公司开发,属于美国 Oracle 公司(甲骨文公司)旗下产品。关系数据库将数据保存在不同的表中,而不是将所有数据放在一个大仓库内,这样就增加了速度并提高了灵活性。在 Web 应用方面,MySQL 是最好的 RDBMS 之一。

(2) SQL Server。SQL Server 是 Microsoft 公司推出的 RDBMS,具有使用方便、可伸缩性好、与相关软件集成程度高等优点,可跨多种平台使用。Microsoft SQL Server 是一个全面的数据库平台,使用集成的商业智能(BI)工具提供企业级的数据管理。Microsoft SQL Server 数据库引擎为关系型数据和结构化数据提供了更安全可靠的存储功能,可以构建和管理用于业务的高可用和高性能的数据应用程序。

(3) Oracle。Oracle 数据库系统是 Oracle 公司提供的以分布式数据库为核心的一组软件产品,是最流行的 C/S 或 B/S 体系结构的数据库之一。系统可移植性好、使用方便、功能强,适用于各类大、中、小微机环境。它是一种高效率的、可靠性好的、适应高吞吐量的数据库方案。Oracle 数据库是世界上使用最为广泛的数据库管理系统,作为一个通用的数据库系统,它具有完整的数据管理功能;作为一个关系数据库,它是一个完备关系的产品;作为分布式数据库,它实现了分布式处理功能。此外,只要在一种机型上学习了 Oracle 知识,便能在各种类型的机器上使用它。

4.3.3　容灾备份系统

1. 概述

容灾和备份实际上是两个不同的概念。容灾是为了在遭遇灾害时能保证信息系统正常运行,帮助企业实现业务连续性的目标;备份则是平时对数据进行复制保存,当灾难造成数据丢失或破坏后,能够使用备份的数据进行恢复。

容灾备份系统是指在相隔较远的异地,建立两套或多套功能相同的 IT 系统,相互间可以进行健康状态监视和功能切换,当一处系统因意外(如火灾、地震等)停止工作时,整个应用系统可以切换到另一处,使得该系统功能可以继续正常工作。容灾技术是系统的高可用性技术的一个组成部分,容灾系统更加强调处理外界环境对系统的影响,特别是灾难性事件对整个 IT 节点的影响,提供节点级别的系统恢复功能。

2. 容灾分类

根据保护对象的不同,可以将容灾系统分为数据容灾和应用容灾。数据容可以保证数据不丢失,但不能保证服务不中断;应用容灾可以保证服务不中断。

数据容灾的目的是保证数据的安全可靠,其实现途径就是备份。为了保证数据安全和提高数据的持续可用性,用户要从 RAID 保护、冗余结构、数据备份、故障预警等多方面考虑。一套完整的数据容灾系统应包括本地容灾和异地容灾。应用容灾的目的是保证服务不间断,最常用的两种方法是数据镜像和集群技术。应用容灾需在本地或异地建立一套与本地数据系统相当的冗余系统,当灾难出现后,远程系统可以迅速承接本地应用系统的业务。

数据容灾技术又称数据复制技术,包括镜像磁盘技术、快照技术、LAN-Free 备份和 serverless 备份。应用容灾技术有数据镜像技术和集群技术,镜像是在硬件架构的基础上由软件来实现的,通常可在系统的卷管理器、磁盘控制器和主机总线适配器三个位置上来实现。集群能够达到容错和扩展的目的,一般可在以下三个层次上保护数据和应用:一是进入系统的客户请求由一组协作的路由器接收,它们使用负载均衡技术来为多个应用程序服务器分发请求,如数据库服务器集群;二是网络路由器在应用程序服务器集群间分发客户请求,这些服务器访问一组公共数据,如 SAN;三是共享数据访问时由服务器层次中的第三层,即一个数据库或文件服务器的集群提供。不同的文件服务器和数据库管理器使用不同的机制互相合作,从而形成一个可处理数据访问请求的集群,以保证数据的一致性。

3. 备份分类

备份就是将数据复制到失效模式独立于工作磁盘的存储介质上,从而有效防止磁盘崩溃带来的毁灭性打击。备份的分类方法也有很多,包括离线备份和在线备份、同城备份和异地备份、完全备份和增量备份等。

离线备份要求备份期间服务器停止应用程序、中断对外服务,这是备份的原始形式。对于提供不间断连续服务的应用来说,这种方法是不现实的,因此可以通过快照技术实现在线备份。快照所提供的在线备份实际上是将离线备份所需要的时间间隔最小化,然后均匀分布到每一次写操作中,通过快照技术能很方便地实现在线备份。

同城备份是将生产中心的数据备份在本地的容灾备份机房中,由于是在本地,备份速度相对较快,但是一旦发生大灾难,将无法保证备份数据和系统的可用性。

异地备份是通过互联网,将数据和文件备份到异地,这样即使发生大灾难,也不会影响异地数据的安全,在重建系统后,可以将异地备份的数据进行回传恢复。

完全备份需要对整个系统或所有数据文件进行备份,无论这些文件或数据自上一次备份以来是否被修改过。增量备份只备份在上一次备份后的环境下增加的或被修改过的数据和文件。

4. 灾备系统等级

国际标准 SHARE78 将异地灾备定义为七个级别,涵盖了从本地磁盘的备份,到将备份的磁带存储在异地,再到建立应用系统实时切换的异地备份系统。我国的 GB/T 20988—2007 则将灾难恢复能力划分为六个等级,每个等级分为七个要素,对应不同的要求。

第一级基本支持级。要求完全数据备份至少每周一次并且备份介质异地存放,有相应的经过完整测试和演练的灾难恢复预案。

第二级备用场地支持级。除了具备第一级的要求外,还要求具备备用数据处理系统和备用网络系统,另外需要有满足信息系统和关键业务功能恢复运作要求的场地。

第三级电子传输和部分设备支持级。在数据备份方面,不仅要每天完全数据备份一次,还要每天多次利用通信网络将关键数据定时批量传送到异地。在灾难备份中心还需要有专职的计算机机房运行管理人员。

第四级电子传输及完整设备支持级。在满足第三级的基础上,还需配备灾难恢复所需的全部数据处理设备,并处于就绪状态或运行状态;配备灾难恢复所需的网络设备,并处于就绪状态。备用基础设施需保持 7×24 小时运作,灾难备份中心还需配备专职数据备份技术员和网络硬件技术员。

第五级实时数据传输及完整设备支持级。这个级别在第四级的基础上,增加了采用远程数据复制技术并利用通信网络将关键数据实时复制到异地备份,具备通信网络自动或集中切换的能力。

第六级数据零丢失和远程集群支持级。

在数据备份方面:至少每天完全数据备份一次;备份介质异地存放;远程实时备份并实现数据零丢失。

备用数据处理方面:备用数据处理系统具备与生产数据处理系统一致的处理能力并完全兼容;应用软件是"集群的",可实时无缝切换;具备远程集群系统的实时监控和自动切换能力。

备用网络方面:配备与主系统相同等级的通信线路和网络设备;备用网络处于运行状态;最终用户可通过网络同时接入主、备中心。

备用基础设施方面:有符合介质存放条件的场地;有符合备用数据处理系统和备用网络设备运行要求的场地;有满足关键业务功能恢复运作要求的场地;以上场地应保持 7×24 小时运作。

专业技术支持方面:在灾难备份中心具有 7×24 小时专职的计算机机房管理员,数据备份技术员,硬件、网络技术员,操作系统、数据库和应用软件技术员。

运行维护管理方面:有备份介质存取、验证和转储管理制度;按备份介质特性对备份数据进行定期的有效性验证;有备用计算机机房运行管理制度;有硬件和网络运行管理制度;有实时数据备份系统运行管理制度;有操作系统、数据库和应用软件运行管理制度。

灾难恢复预案:有相应的经过完整测试和演练的灾难恢复预案。

5. 灾备技术指标

衡量容灾系统的两个技术指标:

(1) RPO(recovery point objective)。即恢复点目标,主要指的是灾难发生后,系统和数据必须恢复的时间点要求。

(2) RTO(recovery time objective)。即恢复时间目标,主要指的是灾难发生后,信息系统或业务功能从停顿到必须恢复的时间要求。

RPO 针对的是数据丢失,而 RTO 针对的是服务丢失,二者没有必然的关联性。RTO 和 RPO 的值必须在进行风险分析和业务影响分析后,根据不同的业务需求来确定。对于不同企业的同一种业务,RTO 和 RPO 的需求也会有所不同。

6. 灾备关键技术

我们常说的容灾系统就属于 IT 容灾和恢复的技术范畴,这是一个完整的业务连续性大框架内的一个极为重要的部分,甚至可能是最有分量的部分。一般而言,建设灾备系统需要根据业务的要求和投入规模,确定业务连续性管理的范围和程度,然后针对 IT 容灾和恢复提出切实可行的方案。缺少任何一个环节,整个灾备体系的建设都是不完整的。没有 IT 容灾和恢复的技术实现,整个灾备体系的规划和计划就是无源之水和空中楼阁;而没有一个完善的业务连续性体系,则会使整个业务灾难后的连续运行无法有效进行,整个组织无法形成联动机制,无法做到危机响应和危机应急。

综上所述,无论是数据容灾还是应用容灾,都需要设定好平台架构和制定好应急方案。采用何种技术手段则根据具体情况去甄选,如远程镜像技术、快照技术、集群技术、SAN 或 NAS 技术等。

7. 规划原则

一是要考虑容灾系统的技术实施过程是否会影响到现有业务环境,如数据的读取与写入响应时间、备份时网络流量的带宽压力,等等。因此,在设计方案时就应当根据现有环境的实际情况进行分析,在一个合理的时间段或低风险点进行容灾备份或数据同步。这样才能保证在现有的业务服务不受影响的情况下,达到容灾的目的。

二是要考虑到容灾系统对数据处理的一致性。在对当前业务系统进行数据或应用备份时,首先要考虑的就是数据的一致性。因此,无论是远程复制还是镜像技术,都需要对备份过的数据进行同步校验,这样在灾难后的恢复过程中,才能复现现有系统和数据,达到容灾系统的目的。

三是要考虑容灾系统的易维护性和可操作性。无论是哪一级别的灾备系统,都需要人力因素参与其中,或多或少的去修正技术上的缺陷。例如,在日常的备份中,就需要投入专业人员去维护备份系统,对于备份后的数据或应用,必须定期或实时安排专业人员去校验,验证数据的安全性和可靠性。另外,对于同步机制的备份技术也要安排专业人员定期去巡检和维护。

四是要考虑在最短的时间内恢复系统。容灾系统的两个性能指标是 RPO 和 RTO,其中 RTO 参数越小,灾难恢复就越快。在灾难发生时,备份系统要尽快地切换以替代原来的系统,并且在灾难发生后,要尽快地恢复原有系统,这样才能最可靠地保证数据不会丢失,服务不会中断。这一方面需要平时完整测试和演练恢复预案,另一方面也要选择合适的容灾备份系统。

五是要考虑业务系统的正反向切换。这主要是针对应用系统来说的,容灾系统在对应用系统进行备份时,要确保备份的应用程序能够回滚到指定时间点。例如,在进行应用系统升级或人为误操作导致应用系统报错时,我们能够通过备份文件自动或手动地回滚到错误前的状态,这样不仅能提高系统的健壮性,同时也可以保证备份数据的安全性。

六是要根据实际情况和现有条件,选择合适的最佳技术方案。目前针对数据容灾和应用容灾有很多种技术手段,但哪一种是最优最好的,要根据用户的实际环境和现有条件去选择。高性能和先进的技术方案并不一定是最优的,这就好比配置个人电脑一样,不一定要最贵的配件,而是要配置最适合自己需求的。容灾系统也是一样,选择什么架构、什么技术手段都需要考虑现有的生产环境和基础设施,而不是一味推倒重来。

七是构建系统方案可以选择多种技术的组合。业内应用较多的容灾方案是基于智能存储系统的远程数据复制技术,它是由智能存储系统自身实现的数据远程复制和同步,即智能存储系统将该系统中的存储器 I/O 操作请求复制到远端的存储系统中并执行。在这种方式下,数据复制软件运行在存储系统内,因此较容易实现主中心和容灾备份中心的操作系统、数据库、系统库和目录的实时拷贝及维护能力,且不会影响主中心主机系统的性能。如果在系统恢复场具备了实时数据,那么就可以做到在灾难发生时,及时开始应用处理过程的恢复。但这种方案也有开放性差(不同厂家的存储设备系统一般不能配合使用),对于主、备中心之间的网络条件(稳定性、带宽、链路空间距离)要求较苛刻等缺点。

4.4 机房日常运行管理

1. 管理目标

中心机房运行管理的目标就是通过强化和规范管理工作,确保机房安全稳定运行,为机房的 IT 关键设备运营管理和数据信息安全提供可持续的有力保障;为公共图书馆实现信息资源的存储、保护和应用,为数字图书馆服务提供保障。

2. 管理内容

中心机房运行过程中若管理不规范,缺乏科学的组织与管理,中心机房的作用就不能充分发挥,设备日常运行工作就会陷入混乱。管理是多方面的,但主要是依据中心机房各项规章制度和管理制度执行。

3. 管理制度(应急预案和值班制度)

安徽省图书馆中心机房分为网络机房和服务器机房,于 2002 年开始建设,分四期建成。2010 年,依托公共数字文化工程项目,中心机房扩容 UPS 电池,购置零星服务器设备、存储设备和部分网络安全设备。截至 2020 年,宽带接入 500 M,总计核心路由器 1 台,核心交换机 2 台,虚拟专用网 VPN 2 台,交换机 49 台,服务器 70 台,存储设备 7 套,机房精密空调 3 台,UPS 系统 1 套(5 组电池),机房精密空调 3 台,机房动环监控系统(环境监控)1 套,防火墙、入侵防护系统(IPS)、上网行为管理设备(AC)、网络负载均衡设备(AD)、流量控制系统、日志审计系统等网络安全设备共 12 台。为确保安徽省图书馆中心机房日常稳定运行和服务,必须依照中心机房管理制度进行日常管理和应急响应。主要制度为《安徽省图书馆网络服务控制程序》(附录 1)和《安徽省图书馆网络安全应急预案》(附录 2)等。

第 5 章 数字图书馆应用系统建设

在数字图书馆建设基础上,一些图书馆率先应用现代信息技术,积极推动资源、服务、设施、管理等领域的智慧化转型创新,在文献自动分拣传输、无感借阅、机器人导览、虚拟讲解等应用软件及系统领域先行试验,有效提升了业务管理运行效率和用户线上线下学习阅读体验。目前这些探索大多还只是零星应用于图书馆业务的某些环节,缺少全面统筹规划以及贯穿全类型文献资源、全流程业务管理、大数据分析驱动的智慧化管理平台。

5.1 数字图书馆应用系统总体设计架构

总体架构由基础支撑平台、图书馆中台与各类智能化系统或设备组成(图 5.1)。其中,图书馆基础支撑平台包含机房、服务器、存储系统、云平台、安全设备等基础设施和操作系统、数据库、中间件等基础软件或软件系统。业务中台、数据中台、管理中台、技术中台、硬件中台等图书馆中台作为信息化应用及智能设备的支撑层,提供相应的支撑服务能力。

5.2 设 计 原 则

5.2.1 打造基于中台思想的图书馆生态圈

在图书馆智慧化建设探索领域,国外第一次出现了"下一代图书馆服务平台"的概念。中台是相对于"前台"和"后台"而言的。在没有"中台"概念之前,企业业务系统的架构可能就是一系列后台系统支撑了一个或者几个前台应用。

"中台"是用来衔接多个"前台"和多个"后台"的中间层,起承上启下的作用。

中台思想下建设图书馆会选择当前较为流行的系统开发架构——微服务架

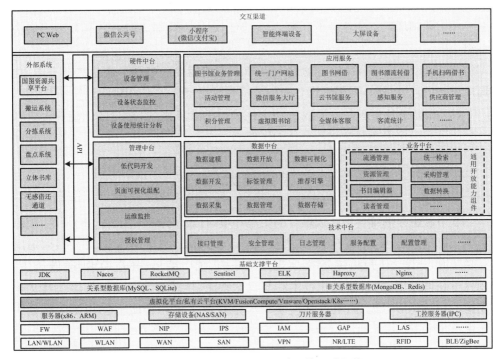

图 5.1　数字图书馆应用系统总体设计架构

构,主流架构包含 Spring Cloud、Vert.x、Dubbo 等。

中台思想不仅能实现组件化拖拉拽建设图书馆各种业务服务应用,还能实现公共文化领域数字化的"三通一平",即数据通、业务通、用户通,赋能图书馆 IT 平台生态圈(图 5.2)。

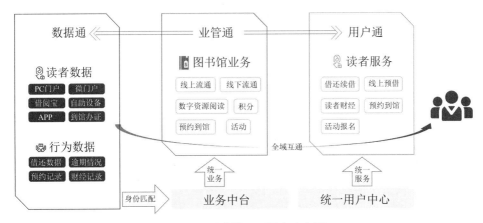

图 5.2　图书馆工厂平台生态圈

(1) 数据通。打通读者、行为数据的信息孤岛,将不同系统间收集的读者数据、行为数据形成统一记录。

（2）业务通。通过业务中台提供统一业务能力及图书馆领域的业务能力。随着公共文化领域数字化业务的拓展，今后还能增加文化馆、博物馆、科技馆等各类型馆业务。

（3）用户通。结合已经打通的数据和读者使用业务过程中产生的业务数据，形成统一的读者身份，并根据已打通的数据为其提供更优质的服务。

（4）赋能平台生态圈。形成公共文化领域的业务平台，通过各供应商提供产品赋能进而孵化出公共文化数字化的生态圈。

5.2.2　互联互通多层级总分馆

图书馆业务平台具备开放融合的生态环境，打破了原有相互独立的系统，规范了统一接口标准，实现了平台间的共建共享。快速构建总分馆体系，多层级区域间互联互通，分馆之下可再建分馆，实现集中采购、统一编目、联合检索、通借通还。在总分馆体系下，通过智能化技术和知识化资源，显著改善县以下基层公共文化设施的智慧化服务能力，更好适应基层群众对数字化和智能化公共文化服务的需求。

5.2.3　纸电融合多维度服务

目前电子资源成为图书馆馆藏建设的重要组成部分，而为进一步提高电子资源的利用率，各图书馆在馆藏资源结构上进行调整，增加电子资源，加强基于电子资源的各种高层次信息服务。

平台将图书馆的纸质资源和电子资源整合形成一个资源库，实现电子、纸质资源的一体化管理，纸电融合，统一检索，实现多维融合知识服务，读者可以按需获取图书资源。

5.2.4　兼容国产化（信创）环境

平台建设全面兼容国产化基础设施，满足国产化建设要求。系统主体采用Java语言开发，基于B/S架构设计，采用主流的国产化中间件或多平台兼容的开源组件，经编译后可运行在x86、ARM、MIPS架构的服务器内，支持部署在主流的国产化服务器内，可通过标准的Web浏览器访问；采用主流国产化数据库和开源数据库均支持的ANSI SQL标准。

5.2.5 组件化可扩展设计

平台及平台组件均采用服务化、组件化设计,基于微服务架构特性,系统可根据实际业务量的增长实现无缝扩容(图 5.3),满足日益增长的业务需求。

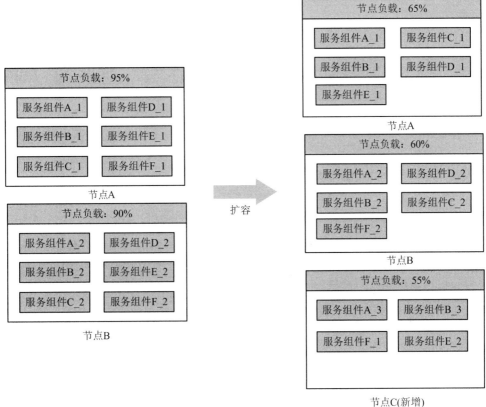

图 5.3 系统无缝扩容

当应用服务器节点负载达到瓶颈时,可通过增加服务器或虚拟机新增节点的方式对集群进行扩容,将原服务器运行的一些服务组件迁移至新节点,对部分压力较大的服务组件可以新增同样的服务组件,并利用应用网关进行负载分流,实现系统的线性扩展。

5.2.6 高可靠高可用

1. 负载均衡

在中大型信息系统里,负载均衡(图 5.4)是非常重要的。在业务量大的场景下,单台服务器无法承担大量的并发访问,负载均衡是系统缓解网络压力和扩容处理能力的重要手段之一。平台提供软件服务再均衡能力,通过 Nginx 组件将用户流量根据节点负载情况分配到合适的节点,保证系统整体稳定,提高系统可用性。

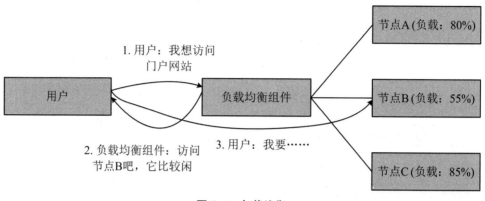

图 5.4　负载均衡

2. 熔断机制

熔断机制(图 5.5)避免某一组件故障导致过长的等待使业务系统崩溃(避免雪崩效应)。若没有熔断机制,当某一服务出现异常时,会拖垮整个服务链路,消耗整个线程队列,造成服务不可用,资源耗尽。熔断机制可以保证当某一服务组件出现故障时,将影响降至最低。

没有熔断机制时,由于组件故障,产生的雪崩效应会导致整个业务系统无法提供服务;具备熔断机制时,平台会自动隔离故障组件,尽可能地保证业务正常。

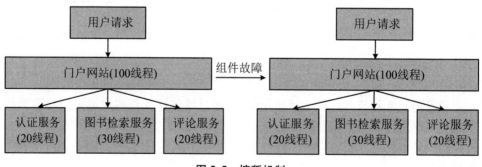

图 5.5　熔断机制

5.3 接 口 设 计

图书馆业务系统支持对接智能终端设备(如自助借还机、盘点设备等)以及外部系统(其他业务系统),为智能终端设备和外部系统提供业务接口和数据接口(图5.6)。

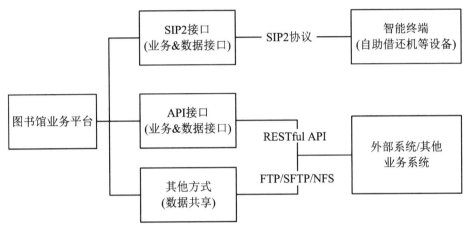

图5.6 图书馆业务系统接口

1. SIP2 接口

由于目前市场上主流的 RFID 设备大多采用业界通用的 SIP2 接口实现,业务系统需提供 SIP2 接口对接 RFID 自助设备。

2. RESTful 接口

图书馆业务平台需与现有或未来建设的第三方业务系统进行对接,提供必要的数据交互和业务交互接口,宜采用目前主流的 RESTful 接口,支持 JSON 格式的数据。

3. 其他方式

为便于数据的共享与传递,业务系统可提供文件共享方式的数据共享方案,提供基于 FTP/SFTP/NFS 等方式的共享数据文件的分享途径,用于数据共享与传递。

5.4 应用系统平台建设

5.4.1 技术支撑平台(从数据中台到技术中台)

数据中台是诞生于阿里巴巴集团的一个概念,它不是一个具体的技术,也不是一个具体的产品。每个企业、每个岗位、每个人对数据中台的理解都有所不同。其定义是:数据中台是一套可持续"让数据用起来"的机制,一种战略选择和组织形式,通过有形的产品和实施方法论支撑,构建一套持续不断把数据变成资产并服务于业务的机制。核心功能可以用四个字概括:"采""存""管""用"。

数据中台挖掘生态圈数据价值,并赋能读者个性化需求、馆方决策和服务提升需求,以及绩效评估体系的完善,结合对用户需求、评论、行为偏好等的研究分析,对各馆智慧化管理运行效率及智慧服务效能等进行科学评价,提供决策支撑,融合共享到全社会大数据生态环境建设中。数字图书馆数据中台架构如图5.7所示。

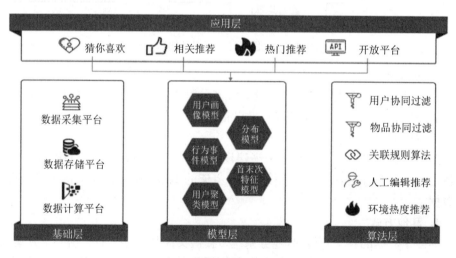

图5.7 数字图书馆数据中台架构图

技术中台为各种技术应用提供技术规范与统一接口平台,负责完成消息传递、服务管理、数据分析、数据服务等方面的工作,为前台、业务中台、数据中台的建设提供支撑。

技术中台提供能力开放管理,专门为第三方系统的接入提供服务平台,而服务接口则是提供服务的基础,同时对外提供丰富的在线文档,内容包括线上编辑和线下部署的指南及常见问题,减少学习成本。接口上通过编辑表单的方式创建基于 Swagger UI 的数据文档,从而可在线预览和测试。在线编辑解决了 Swagger Editor 学习成本高及代码集成不好维护的问题。数字图书馆技术中台架构如图 5.8 所示。

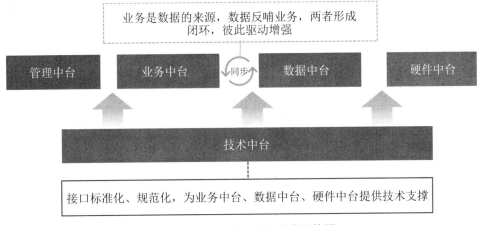

图 5.8　数字图书馆技术中台架构图

5.4.2　数据服务系统

数据服务系统依托于数据 API 接口,适用于公共文化云融合类多业务类型、多自助设备终端的图书馆应用数据调用服务场景。大数据中心 80% 以上的应用场景可直接实现数据产品和业务产品之间的服务连接,而传统数据 API 依赖数据系统厂商开发人员进行开发与运维,开发周期长、可拓展性弱,因此传统数据 API 在文化云融合这种大数据应用场景下尤为不合适。建设全新理念"设计即开发"下的数据服务子系统,可以将数据分析和计算后的表快速地通过配置创建成对外服务的 API 和可视化操作界面,加速文化云数据业务化的过程。文化云数据中心通过数据 API,实现了以数据驱动为中心的数据和业务产品的流转闭环,数据 API 可以提升数据服务化的效率和能力,结合 API Gateway 的功能,也可以将数据服务对外开放。

5.4.3　图书馆业务管理系统

图书馆业务管理系统可实现图书馆馆藏纸电一体化管理。主要功能如下:

(1) 采购管理。通过导入征订目录可以实现文献的预订、采购,预订图书到馆后可以进行验收单管理、直接验收管理,包括多渠道来源(集体订购、零购、散购)图书的订购处理,实现验收流程多样性(预订验收/直接验收/快速预验收)、处理规范化,全面把控采购流程,提高图书馆的购书质量。

(2) 馆藏管理。通过编目工作建立完善的馆藏纪录,提供多种有效手段辅助编目,遵循国家有关规定,支持 CNMARC、USMARC、JPMARC 多种标准,MARC 数据可转为 BIBFRAME 的互联网语义关联数据,并可同参数定义实现对其他 MARC 标准的支持,支持 Z39.50 数据下载,确定文献馆藏地点,进行馆藏登记、调拨、清点等工作,以合理调整馆藏布局。

(3) 流通管理。实现对图书馆内实体资源的借阅、归还、续借、赔偿、过期缴费,实现资源一体化的流通管理,准确记录馆内资源流通情况。

(4) 系统管理。实现对本馆的系统管理、操作员管理、业务参数配置的功能更新,可进行馆员账号维护及权限分配、本馆馆藏地点管理、各模块业务参数配置保存的操作,为图书馆业务数字化处理提供支持。

(5) 用户管理。用户管理中心提供读者管理服务,提供统一办证、读者批量导入、读者权限管理、读者信息管理等功能。

(6) 活动管理(选配)。读者可通过访问系统前端在线查询查看活动信息、线上报名、在线签到参与活动。以读者需求为导向,同时提升图书馆活动效能,扩大活动消息传播范围,提高活动管理效率,统计评估图书馆的活动价值。

(7) 积分管理(选配)。采用开放的微服务架构,实现中台化,打破系统孤岛,可实现业务线快速迭代、无缝升级。特色积分模块可与图书馆其他功能模块、服务系统相结合,支持查询个人活动积分、查询积分兑换等功能,以积分规则规范读者文化行为,激励读者主动参与文化活动,使用文化服务,提升文化活动社会效益。

(8) 供应商管理(选配)。利用供应商管理平台建设打通图书馆业务系统与书商 ERP 系统,实现图书馆与供应商企业之间业务深度融合,系统承接供应商、图书馆、读者,集成在一个平台上进行"三购"(荐购+采购+散购)业务的融合。

供应商企业群可在管理平台中通过接入的资源锁定和开拓目标客户,通过建立专业、细分、通畅的交易渠道更好地获取客户需求,把自己的精品书单推送给图书馆。图书馆也可在供应商商品库中挑选自己想要的图书,由供应商根据要求进行精准配书。双方实时信息同步,自动查重,整合资源,整体提高供应商和图书馆的业务效率,打破传统冗余耗时的业务流程。通过现代物流手段送书到手,拓展了图书馆的服务半径,不仅解决了图书馆采访人员知识结构单一性与文献内容复杂性之间的矛盾,也加强了采访工作的针对性和实用性,增加了图书馆潜在用户量,提高了文献资源的利用率。

(9) 图书漂流转借(选配)。利用移动互联网技术让图书在每个读者之间自由流动,提升图书馆的服务,使更多人接触到图书世界。图书漂流系统(图 5.9)为图书漂流提供系统化管理及多种漂流方式,减少用户局限性,扩大用户范围。并根据漂流数据分析用户行为,为用户提供更合理的图书资源和漂流服务。

(10) 线上服务系统(选配)。系统对接电商,实现读者在网站、手机选书下单,

第 5 章 数字图书馆应用系统建设

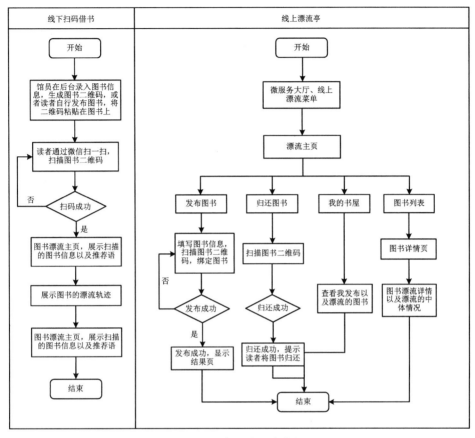

图 5.9 图书漂流系统流程图

电商快递送书上门,图书馆买单的全流程服务。对读者而言,通过手机终端便可以轻松获取所需信息;管理员在业务系统后台即可处理荐购信息,节省人力与时间成本,提高图书采购质量及图书采购工作的针对性,完善馆藏。此外,通过线上服务模块,读者可在网上进行选书借书,图书通过物流送至读者手上,图书到期后读者将图书送还至最近的图书馆即可,如图 5.10 所示。

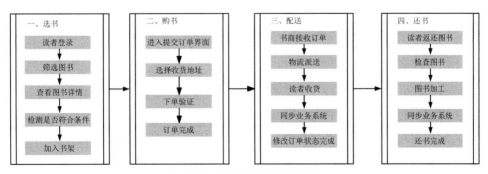

图 5.10 线上服务系统流程图

主要流程如下：

① 读者登录图书馆线上平台。

② 浏览或筛选图书，选择想看的图书。

③ 若图书符合借阅条件，则可以加入书架。

④ 读者进行购书，无需付费。

⑤ 图书将通过物流的形式送到读者手上。

⑥ 图书阅读完毕或到期，读者将图书送至最近的图书馆即可。

(11) 手机扫描借书(选配)。作为自助借还机的补充，手机借书系统扫码就能借书，并且支持升级改造后的安全门禁联动识别放行，实现将读者手中的智能手机变为图书馆自助借书设备。此外，升级安全门功能，通过手机上的电子图书证，在馆内随时实现手机扫图书条码借书，提高读者阅读服务体验。

① 支持扫描图书条码或者手动输入图书条码的方式，进行借阅。

② 支持结合微信渠道，获取绑定用户信息，实现快速检索图书，并进行扫码借阅。

③ 支持读者查看自己的已借图书、借书详情。

④ 支持结合大数据为读者推荐其喜欢的图书。

⑤ 支持结合手机特性，实现 GPS 定位功能。

(12) 人脸识别(选配)。图书馆内都会配备自助借还机。传统的借还书模式是由读者输入读者证号和密码或者刷读者证、身份证进行借还书服务，过程相对麻烦，且存在账号和密码泄露，读者证丢失、被盗用的危险。在自助借还机内部设置人脸识别程序，利用人脸识别技术让读者刷脸登录后再进行借还书服务，可有效避免读者信息泄露以及读者证被盗用情况的发生。

人脸识别平台由人脸识别管理系统、人脸识别引擎组件、人脸识别库等组成，并对外提供服务，如图 5.11 所示。

① 人脸识别管理系统：面向系统管理人员提供平台管理界面，提供人脸数据批量导入、人脸数据管理、终端对接管理、第三方系统对接管理等功能。

② 人脸识别引擎：实现检测与属性分析、人脸比对等功能，组件的正常工作需使用 GPU。

③ 人脸识别库：用于存储人脸数据。

人脸识别比对分析流程如图 5.12 所示。

(13) 场地预约管理(选配)。通过场地预约管理系统可以充分调动图书馆对外开放的各类空间场地资源，如自习室、阅览室、会议室、活动室等，为大众提供便捷的场地空间预约方式。管理人员通过后台即可针对开放场地的分类管理、信息发布、使用规则、申请审核和使用统计进行系统化管理，在后台对应的功能菜单中一键完成管理工作，高效准确。

(14) 志愿者管理(选配)。具备活动管理、志愿者管理和数据统计等功能，实

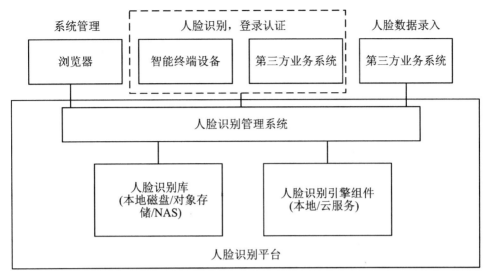

图 5.11　人脸识别平台功能图

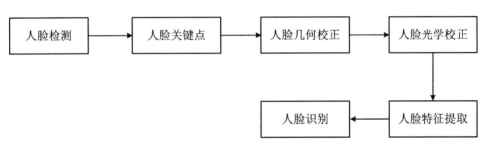

图 5.12　人脸识别比对分析流程图

现志愿者信息统一数字化管理。并可发布图书馆的志愿服务项目，志愿者可通过该平台报名参加志愿服务，实现志愿者活动报名、活动签到/签退、统计分析志愿者活动数据等功能，为图书馆科学决策管理提供有力的数据支撑，如图 5.13 所示。

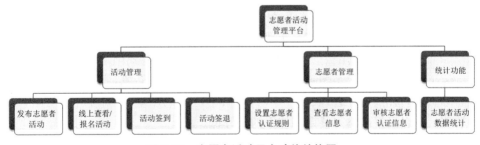

图 5.13　志愿者活动平台功能结构图

（15）资源发现（选配）。资源发现服务对接业务系统与电子资源库，搭建元数据中心，提供数字资源跨库检索、纸电资源统一检索服务。结合图书馆数据中台的知识图谱服务,可实现检索信息与馆藏资源的相互关联,从而实现资源发现服务。系统实现对分布式资源的一站式发现与获取,为读者提供一站式知识获取解决方案,简化了从资源发现到获取的检索过程,使读者能够快速找到和获得准确、高质量的信息,同时提高知识利用率。

(16) 图书报告单(选配)。实现报告单的自动生成与管理,结合微信公众号等前端应用服务向读者推送读者个人阅读报告单,向公众展示图书馆年度报告单。

(17) 信息发布系统(选配)。图书馆业务数据经过后台设计,以分布式区域管理技术对多种服务数据分区展示,对海量数据进行关系链实时分析,统一为图书馆提供信息的发布、活动场地发布等各类动态图文信息和导引信息。

(18) 数据采集系统(选配)。建设完善的数据采集系统,通过多种方式和技术手段完成图书馆各业务系统的数据采集和增量同步,以高性能的数据仓库容纳全域业务数据,为后续的分析做底层数据支撑。采集方式主要有:

① 数据库直连采集。通过 JDBC 规范连接图书馆业务系统数据库,完成对数据的采集。

② 接口采集。通过调用第三方系统接口对数据进行采集。

③ 网络爬虫采集。通过建设互联网爬虫引擎,采集热门、畅销等图书专题数据。

④ SDK 埋点采集。通过埋点 SDK 进行读者用户的关键行为(如登录、浏览、注册等)采集。

(19) 态势感知系统(选配)。实现进馆读者实时抓拍,获取人脸图像后系统可实现准确、快速的识别和认证,对比成功后可联动用户多方应用平台,结合大数据分析,进行精准个性服务推荐。系统支持异常预警,同时将图文信息告知图书馆管理员,从而实现有效的预警和控制。

(20) 可视化 3D 虚拟场馆(选配)。系统为读者提供图书查询检索和可视化寻书导航服务,对接图书馆业务系统,实时同步图书馆藏位置,根据现实的图书馆楼层设计、书架摆放位置、图书陈列等情况,在用户界面模拟一个可操作性的 3D 地图。用户可通过检索栏检索图书,获取图书信息和位置信息,查看导航路线或在 3D 地图上操作,放大、缩小、随意转动以及点击书架,浏览图书信息。

(21) 慕课系统(选配)。面向社会公众提供大型开放式网络课程,即 MOOC (massive open online courses)。系统提供视频课程的发布、管理功能,主要包括课程管理、试题管理、课件管理、用户学习管理、学习讨论管理、数据统计和分类管理等功能。读者可报名学习慕课系统上的公开课。

(22) 推荐引擎(选配)。基于协同过滤、环境热度、用户订阅等多种方式进行资源推荐,最大程度盘活馆内的资源。搭建个性化推荐服务,全端采集各文化机构内的用户行为数据,整合所有服务应用,深度挖掘分析业务数据,并进行数据整理与信息发布,为用户提供文化服务精准推荐。

(23) 用户画像系统(选配)。用户画像是指在大数据时代,通过对海量数字信息进行清洗、聚类、分析,从而将数据抽象成标签,利用这些标签将用户形象具体化,从而为用户提供有针对性的服务。支持根据用户的属性、行为习惯,为用户添加标签,并根据标签对用户做聚类、分类处理。通过用户标签,能快速圈定特定人群,如快速筛选出喜欢在周末下午进行借阅的用户。如果某些用户长期借阅儿童书籍,借还书地点均为某城市某区,系统就会根据用户基本信息和行为进行分析,将用户年龄归类为儿童并归类其居住地。

5.4.4 云桌面系统

云计算技术随着计算机网络技术的发展不断完善,当前可实现计算资源的高效整合。云计算关键应用技术包括 SOA(面向服务架构)技术、海量数据管理技术、并行计算技术、虚拟化技术等。虚拟化技术是云计算的核心技术,可以有效整合操作系统及相关应用等资源,向用户提供虚拟化服务。云桌面技术随着云计算软硬件技术的发展和迭代,大致经历了终端远程桌面时代、虚拟桌面时代和目前的下一代融合云桌面时代。

1. 定义

云桌面是一项基于分布式云计算存储技术的办公应用系统,也是一种基于服务器和桌面虚拟化技术的软硬件一体化计算机桌面操作系统交付与管理方案。它可以根据业务场景的不同,定制标准化的系统模板。终端客户端可以通过远程桌面传输协议、虚拟磁盘读写指令、虚拟地址映射等多种技术实现模板的本地化呈现。在虚拟化技术的支持下,网络软件和硬件设备之间的联系会更加灵活,可拓展性也会大大提升。

2. 主要功能

云桌面具有管理简单、操作容易、系统稳定性强、部署方便等优点,同时可以简化 IT 维护、统一管理、集中配置、节约购置和维护成本、提高资源利用率和系统安全性等。云桌面可以将计算、存储、管理都集中在云端,用户界面使用远程协议传输到用户的终端设备上。具体功能如下:

(1) 自动化批量安装部署功能。具备集中式部署、跨网段接入功能;具备终端分组管理功能,可以将不同的终端划分成不同的群组进行管理,以便和使用场景对应;具备统一设置客户端电脑的机器名、IP 地址功能;具备镜像制作、上传服务端、分发到其他客户端、批量更新的功能;具备根据不同的应用环境,创建不同的节点镜像,部署个性化应用软件及桌面,满足不同用户需求的功能;具备 C/S 架构或 B/S 架构对系统进行管理的功能;具备记录服务端用户操作的日志审计功能。

(2) 客户端管理及用户行为管理功能。客户端具备网络和离线模式双模启动方式运行功能,两种模式可以灵活切换,网络或服务器故障时自动切换到离线模式功能,最大程度保证业务的连续性;具备给客户端每个逻辑盘分别设定重启后还原保护和不还原模式功能;具备设定任务计划(定时唤醒、重启、关闭客户端)功能;具备设置多种独立的使用环境,根据场景要求,设置启动镜像功能;具备客户端系统桌面管理功能,如禁止修改 IP、禁用 USB 类存储设备、禁用光驱等。

3. 分类

目前适用于公共图书馆读者用机管理的云桌面技术有如下三种典型架构。

(1) 虚拟桌面基础架构(virtual desktop infrastructure,VDI)。VDI 为集中存储、集中运算的虚拟桌面架构。该架构下,所有的数据运算都集中在服务器端管理,客户端只通过网络和专有协议接收服务器上的虚拟桌面,在显示器上显示,每一个用户可以是一个独立的操作系统,在逻辑上能够完全隔离。

(2) 智能桌面虚拟化架构(intelligent desktop virtualization,IDV)。IDV 是采用集中存储、分布运算的虚拟桌面构架。IDV 的数据存储集中在后端,镜像存储在本地,相比 VDI 模式,IDV 模式是离线可用的,但是安全性会低于 VDI。IDV 对网络没有过度依赖,无需传输大量的图像,同样可以统一管理终端桌面系统。而在 3D 应用方面,因为客户端硬件虚拟层的存在,同时受本地 PC 显卡配置和显卡透传技术的影响,必须牺牲客户端机器部分物理性能。此外该模式不支持按需分配、不支持移动架构终端接入。

(3) 虚拟操作系统基础架构(virtual operating system infrastructure,VOI)。VOI 也是集中存储、分布运算的构架。但它和 IDV 不同的是客户端无任何硬件虚拟化层,取而代之的是客户端容器的概念,类似于无盘工作站,但其离线可用的特点又优于无盘工作站的离线不可用。桌面系统完全运行在本地物理机之上,因此桌面性能完全保持传统 PC 的体验,在 3D 应用等富媒体应用方面可完全发挥客户端的硬件性能,和 IDV 一样终端不支持移动架构。

从云计算技术所属类型的角度看,这三种云桌面架构均属于私有云和 SaaS(软件即服务)的云计算模式。结合公共图书馆电子阅览用机的现实状况,总结三种云桌面架构各自的优势特点,归纳如表 5.1 所示。

表 5.1 三种云桌面架构的对比

对比项	VOI	IDV	VDI	最优技术选择
管理方式	集中管理	集中管理	集中管理	VOI、IDV、VDI
终端要求及成本	可根据应用灵活选用	最高	低	VDI
服务器配置要求	低	低	最高	VOI、IDV
建设成本	较低	中	高	VOI

续表

对比项	VOI	IDV	VDI	最优技术选择
局域网络环境要求	低,最低支持10 M 局域网络	较低,最低支持100 M 局域网络	高,仅支持千兆局域网以上环境	VOI
3D/富媒体应用	同终端	稍弱于终端	差	VOI
离线使用	支持	支持	不支持	VOI、IDV
支持移动架构客户端	不支持	不支持	支持	VDI
外设兼容性	好	较好	较差	VOI
数据安全性	低	低	高	VDI
启动风暴	无	无	可能	VOI、IDV

注:此表中"最优技术选择"项同时列入性能指标基本接近的最优技术选型。

由表 5.1 可知,在所列出的 11 项关键指标的最佳技术选择中,VDI 云桌面架构占 4 项,IDV 架构占 4 项,VOI 架构占 8 项。在这三种云桌面技术中,VDI 云桌面的优势是数据不落地、唯一支持移动架构客户端的云桌面技术,但不能离线使用、对网络和服务器端高度依赖、3D/富媒体应用性能差、客户端外设兼容性不佳、建设成本高昂。VOI 云桌面具有 IDV 云桌面所有的优点,且多项关键性能指标优于 IDV 云桌面。基于公共图书馆读者用机目前基本为台式 PC,很少有 ARM 架构的移动客户端,且对读者基本全部免费开放使用、不存在保密数据的现实情况,VOI 架构的云桌面最为符合目前公共图书馆电子阅览用机的管理现实。考虑到未来可能提供的公共图书馆馆内移动阅读终端业务,尽管 VDI 云桌面有很多缺点,但也有潜在应用价值。

4. 关键技术

(1) 操作系统虚拟化技术。将一台物理服务器的资源切分,模拟为多台各自拥有操作系统的虚拟电脑主机,独立使用,互不干扰,可以分别进行开机、关机、使用等常规操作。常见的技术实现有 KVM(Linux)、Hyper-V(Windows)、Xen、VMware 等。

(2) 远程桌面技术。通过在 PC 上安装客户端软件或者用瘦客户机(专门的小盒子),通过特定的通信协议,远程使用服务端操作系统桌面环境。此时的终端机只负责键盘、鼠标和显示器的功能,主要的计算工作在云端的服务器上完成。远程连接技术的关键是必须流畅、稳定,用户体验感好。常见的开源协议有 SPICE、RDP,私有的协议有 VMware、思杰。

(3) 云管理平台技术。这是一个集中管理虚拟机的创建、配置、启动、关闭、删除、迁移与性能监控的平台。同时也能够承担故障转移处理、负载均衡和弹性扩缩容等高可用、高可靠能力的实现。

5. 设计方案及应用实例

安徽省图书馆云桌面系统建设实例：以安徽省图书馆现有馆舍面积不足和电子阅览用机部署方式需求为导向，分散部署以云终端管理软件管理不同性能、配置和价格的电子阅览用一体机的软硬件设备升级方案，管理机依旧使用一台现有服务器（型号：HP DL388p；CPU：E5-2650；内存：16G；硬盘：SATA 500G）搭建 3V 一体的云终端管理平台（Windows Server 2008 R2＋MySQL＋VDI、VOI、IDV 融合云桌面管理系统），初期采用 VOI 云桌面方案对读者用机客户端进行管理，预留 VDI 模块用于以后可能的移动阅读需求，达到既满足读者需求又节约建设经费的目的。建设完成后的读者电子阅览用机分散部署在我馆读者服务大厅及各阅览室内，分别配置不同浏览内容的阅读模板（Windows 7 32 位旗舰版操作系统 ＋ 定制桌面和应用软件），供读者电子阅览或信息查询使用；同时升级电子阅览室管理软件和检索软件，联调我馆业务系统数据接口，提供使用借书证号和密码自助登录的读者身份验证上机方式，以此适应电子阅览服务分散部署在各个功能厅和读者阅览室窗口的需求。建设后的安徽省图书馆读者用机的系统管理架构如图 5.14 所示。

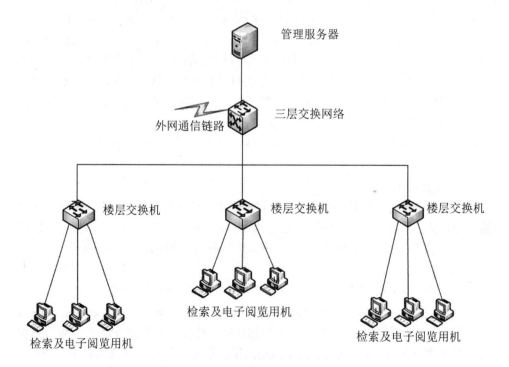

图 5.14　云平台系统架构图

5.4.5 网站系统

1. 概述和功能

门户网站可充分展现图书馆形象,同时也是图书馆对外扩展宣传的重要窗口,需要能够为图书馆树立、整合、完善有创意的品牌形象。门户网站总体建设采用平台化建设,以门户为中心延展智慧服务、管理、应用三大建设内容。门户网站作为总入口涵盖各个服务应用,整合各类资源和应用到门户网站,读者在门户一站式获取图书馆所有服务应用与相关信息,集合图书馆各项智能化、自助化服务,实现智能门户;智能服务不限馆内且24小时不打烊,任何时间、任何地点都可以为读者提供服务。

将门户网站打造成所有读者手中的高频应用,打造成图书馆的品牌,可助力大阅读、大文化建设;门户网站对于图书馆是一个文化传播的窗口,可以向读者传播图书馆文化;门户网站可以为读者提供精准化、个性化知识服务,读者可以通过门户网站找人、找书、找资料等。

2. 建设原则和关键技术

网站建设严格遵循"资源集约化使用和治理"原则,采用微服务架构、云计算/云服务、SOA架构、OSGi插件构架、数据交换与共享服务、移动互联网、感知计算等技术,确保系统高可用、高扩展、高安全、高性能。采用云计算/云服务体系技术路线,图书馆官网建设需实现水平融合、垂直融合、接入融合和数据融合,实现数据交换互联互通、管理模式便捷。应用层采用门户技术、应用集成技术、搜索引擎技术、应用负载均衡技术、分布式处理技术;应用支撑层采用Spring Cloud微服务的分布式架构体系完成整个平台的底层技术支撑。数据层采用超融合架构的云数据存储、数据交换、BI数据分析等技术。关键技术如下:

(1) 基于原门户传统SCMS技术的架构。采用成熟的J2EE技术框架,适用于系统结构复杂、业务量大、吞吐量高、兼容性强的应用环境。

(2) 主流的开发框架。采用主流的Spring Cloud微服务架构进行开发,面向Web、WAN、SOA架构技术,汲取B/S结构和SOA架构的核心优势,并为各类云端用户提供良好的操作体验,确保协同性、可重用性、可组合性、服务可寻址性、适应性、自治性、松耦合等先进特性。

(3) 应用服务可重组性。采用云计算/云服务技术保证应用服务的可重组性。云计算的本质是大量复杂资源的整合,资源整合过程是一个资源抽象、概括、类化的过程,为云端用户提供良好的服务。通过云端可寻址的REST服务技术,实现各类资源的服务化封装,确保各系统具有极强的松耦合和可组合性,便于系统能够无限扩展、随需重组。

(4) 系统的可扩展性。采用"1+N"弹性云架构技术保证系统的可扩展性,即一个平台服务、N种信息资源及服务，能根据实际业务或计算需要，灵活地调配各类应用、数据、计算、存储等资源。在增加新业务时，能保持基本架构不变，只需在平台上做相应的设定，接入新的系统来进行扩展，不对原有的应用系统进行修改，能够满足未来机构、业务不断发展的需求。

（5）采用大数据技术。运用相关技术架构，实现并行计算、数据挖掘、分布式文件系统、分布式数据库、云计算平台、可扩展的存储系统等。

（6）安全机制。网站采用反爬虫技术、DDoS高防IP、各种SQL注入防范、各种攻击防范；在数据安全领域，自研数据高可靠保障系统，确保数据100%不丢失。

3. 应用实例

以安徽省图书馆联盟云平台为具体实践案例，说明网站建设的主要功能设计。在安徽省公共文化服务云平台建设的基础上，对安徽省公共文化服务平台和大众文化圈的优质栏目和资源进行整合，建立"安徽省大众文化圈·安徽省图书馆联盟云"平台（以下简称平台），依托全省各级图书馆的资源，为全省群众服务。平台以整合安徽省区域内图书馆数字资源为入口，采用多终端访问、多基层站点覆盖、统一资源服务管理模式，构建资源丰富、高效便捷、线上线下互动交流于一体的以图书馆为主的服务平台。

1) 主要功能

一是实现区域图书馆资源数字化聚合：集文化资讯、场馆信息、推荐图书、馆藏资源、非遗文化等于一体的数字文化资源整合。

二是实现线上线下互动参与的公共一体化服务：集文化地图、活动预约、扫码阅读、评论关注等互动参与的一体化服务。

三是实现新媒体多终端的应用覆盖：集电脑终端、移动手机端、一体机新媒体多终端的应用覆盖。

四是实现活动场馆一站式发布浏览和预约功能。

2) 前台功能

① 统一检索。提供面向公众的资源与服务的统一检索。

② 文化资讯。提供图书馆、基层文化站等文化服务机构统一发布与维护最新的文化资讯，资讯内容可按照馆来源、资讯类别进行分类筛选；同时，部分馆资讯采用独立网站资讯维护，平台实现自动化对接，一站式发布。

③ 文化地图。基于位置服务的文化地图，整合文化机构、文化活动、政府公共场所等信息，通过文化地图集中展示机构、活动的分布及距离信息等，公众更加便捷地发现身边的文化场所与服务。根据地图上展示的位置，可输入关键字查询检索场馆，并在地图或列表上点击对应场馆，即可查看场馆详情和相关活动信息。

④ 活动预约。根据地图上展示的活动地点，可输入关键字查询检索活动，并在地图或列表上点击对应活动查看活动详情和热门活动推荐，在线报名参与活动，

添加活动评论,加入关注。也可通过日历的形式展示各场馆活动。

⑤ 特色资源。集中展示各级图书馆特色视频资源。

⑥ 个人中心。空间主页展示用户基本资料、分享动态、已预订场馆及活动、团队管理、好友信息管理、用户收藏等信息。

⑦ 文化志愿者。包括平台进行志愿者招募管理等。

3) 后台管理

主要是提供给对应文化单位和运维团队,作为各自信息上传和信息审核的管理界面,并提供数据统计分析功能。

① CRM 管理系统。面向各场馆操作人员,提供 CRM 系统。提供构建场馆主页、发布文化活动、发布活动室等服务。

② 运营管理系统。主要提供系统维护和安全维护等服务。

③ 数据统计系统。实现对现有数据的统计,实时掌控平台流量。

5.4.6 移动服务系统

移动图书馆服务系统以移动无线通信网络为支撑,以图书馆集成管理系统平台和基于元数据的信息资源整合为基础,以适应移动终端一站式信息搜索应用为核心,以云共享服务为保障,通过手机、平板电脑、电子借阅机等智能移动终端设备,为市民提供搜索和阅读数字信息资源,自助查询和完成图书的借阅,查询、订阅最新文化资讯和活动信息的业务,是为了满足公众在任何时间、任何地点获取所需要的知识所构建的信息移动服务平台。

1. 微信服务

微信作为互联网时代广泛普及的应用,为图书馆的服务方式提供了新的思路,且方便读者获取图书馆发布的信息和服务,促进图书馆与读者进行深入的交流和互动。

图书馆微信公众号将图书馆服务搬到移动端,为用户提供了便利,也有效保障了用户的私密性。主要功能有:

(1) 图书检索。根据图书名、ISBN、著者、主题、分类号、索书号、出版社等关键字检索馆藏图书。

(2) 我的借还。读者可查询当前账号的借阅中图书、将过期图书、已过期图书以及全部历史借阅图书。

(3) 图书预约、预借。预约:对不在馆图书可进行预约,图书归还到馆后为当前读者保留图书,读者在规定时间内到馆进行借阅即可;预借:对在馆图书可进行预借,读者到馆后进行借阅。

(4) 图书续借。普通业务流程下,读者只可以续借在开户馆借出的书;集群业务流程下,读者可以续借在开户馆外其他集群馆借出的书。

（5）活动报名。对接活动系统，把活动报名对接进服务大厅，读者可通过活动报名参与馆内的活动。

（6）电子证二维码。读者在绑定读者证后将生成二维码读者证，工作人员使用二维码扫描枪扫描读者出示二维码读者证，读者即可在图书馆享受图书借阅服务。

（7）新书通报。根据图书馆业务系统新录入的馆藏信息，向读者展示最新的馆藏图书。

（8）借阅排行。根据图书馆业务系统统计书目借阅情况，向读者展示借阅排行榜图书。

（9）逾期费用缴纳。开通微信支付接口接入滞纳金功能，使读者足不出户就可以缴纳图书滞纳金。

2. 小程序服务

小程序支持读者自助办理各项业务。

（1）在线办证。支持读者自助填写个人信息及上传证件照片，待图书馆业务系统后台审核通过后即可成为正式读者。

（2）身份证识别。读者通过手机摄像头拍摄身份证照片，通过OCR技术识别身份证信息，自动录入身份证号、姓名等重要信息。

（3）实名认证。可对接公安认证平台，实现实名认证。

（4）收取押金。支持对接支付平台和用户管理中心，可实现在办证过程中收取押金。

（5）支付宝服务。对接第三方信用评价系统，在符合信用要求的情况下允许免押金办证、免押金借阅。

（6）信用办证。读者在自助注册时可以绑定如支付宝芝麻信用等第三方信用评价系统，在信用分数满足预设规定后允许免押金办证，实现免押金借阅。

3. 微博

即微博客，是一个基于用户关系的信息分享、传播及获取平台，是 Web 3.0 时代新兴起的一类开放因特网社交服务。微博更能表达出每时每刻的思想和最新动态，而博客则更偏重于梳理自己在一段时间内的所见、所闻、所感。

（1）便捷性。微博有 140 个字符的长度限制，对于西文，以英文为例，一个英文单词加上空格平均也要五六个字符，而中文以双字词为主流，这样每条 Twitter 能够传达的信息量，就只有一条中文微博的 1/3 左右。

（2）创新交互性。与博客的交互方式不同，微博既可以一对多，也可以点对点，当你关注一个子集感兴趣的人时，两三天就会形成习惯的关注，使得微博用户体验的黏性增强。

（3）原创性。微博网站通过 QQ 和 MSN 就可以直接发布，具有很强的及时性。

4. 移动图书馆 APP

移动数字图书馆是数字图书馆的一个分支,它具备数字图书馆的一般特征,同时还具备"可移动"的特征。这种"可移动"的特征表现在,普通用户和读者可以不必依赖 PC 来实现数字资源的浏览、下载和阅读,用户和读者可以通过手中的便携数字图书阅读设备(如智能手机、平板电脑等手持终端)来浏览、下载、阅读和欣赏一整套数字资源。

1) 系统架构

从物理数据上分为图书馆资源、本地资源、网络资源等的使用和管理,通过资源文献进行横向关联。在技术和实施方面分为专题模块、分析模块、交流模块等,进行系统构建与开发。

系统以各类结构化、半结构化和非结构化数据为底层基础,通过先进的数据仓储、数据挖掘等技术手段,全面揭示各种文献的应用、管理,并深入挖掘大量数据资源背后的信息,为用户提供深度的知识服务,如图 5.15 所示。

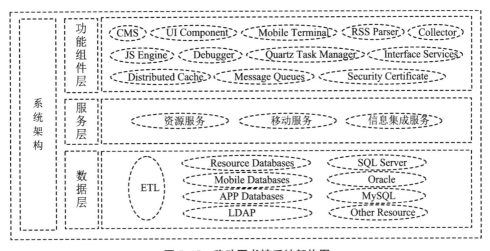

图 5.15 移动图书馆系统架构图

2) 业务架构

从系统的角度来看,一般包括三层逻辑结构:存储层、业务层、应用层(图 5.16)。存储层的主要功能是对数字资源内容及相关的元数据进行储存和修改等操作。其操作对象包括数据流(即数字资源本身和数据条目)和元数据(对数字资源属性和相关关系进行描述与揭示的数据)。

业务层负责对整个系统的业务逻辑进行操作,具体包括内容管理(数字对象管理和唯一标识符生成)和系统管理(用户安全、权限、历史日志和工作流等)。

应用层主要负责向用户提供基于 Web 的操作界面,包括数字资源提交,对整个系统数字资源的浏览、检索,数字资源获取以及一些其他的信息服务。

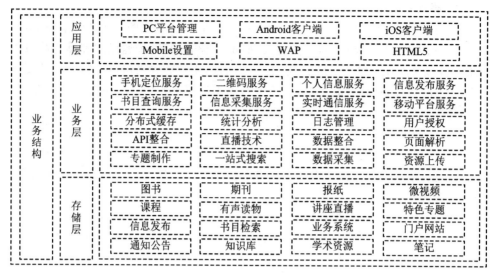

图 5.16　系统总体业务架构图

3）功能架构

系统功能架构如图 5.17 所示。

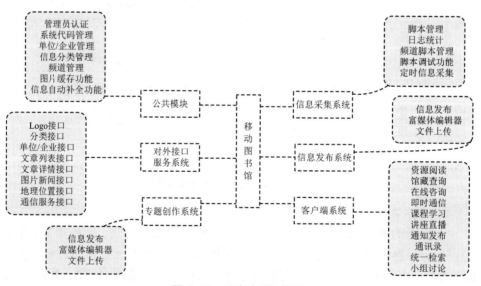

图 5.17　系统功能架构图

5. 图书馆抖音号

在新媒体技术和用户需求驱动下，短视频已成为中国民众信息消费与社会交往的发展热点和主流形态，以"抖音"为代表的短视频 APP 迅速崛起，截至 2020 年 3 月 24 日，抖音短视频 APP 在华为应用宝的下载次数高达 6.0 亿次。抖音 APP 是一款社交类软件，实质上是一个专注年轻人的音乐短视频社区，即用户选择歌曲,并配以短视频,形成自己的作品。

5G 时代的移动通信网络为移动终端的短视频平台提供了良好的发展机遇,图书馆界积极开通图书馆抖音号,借助抖音拓展服务新阵地,更好地宣传图书馆服务内容。

5.4.7 大数据分析系统

1. 概述

通过对图书馆借阅情况、馆藏量、读者构成、分馆情况等进行多维度智能分析,帮助图书馆精准决策。通过建立决策模型及评估体系,对图书馆各业务平台进行数据挖掘分析,呈现最直观的数据分析结果,让馆员一目了然地明白图书馆采购情况,从而针对读者需求采购图书,节省经费,避免购置读者不看的图书,进而盘活图书资源。

通过公共文化决策系统,还可以生成图书馆服务报告,这是完成图书馆绩效考核评估的依据,为图书馆决策提供更为科学精准的支撑,实现图书馆数字化和信息化建设,不断提高图书馆的服务水平和服务效率。

2. 功能设计

大数据分析系统可实现借阅量分布情况分析、借阅时间段分析、人均借阅量分析、分类借阅情况分析(含图书副本分析、图书作者分析、图书价格分析、图书经费分析)、图书借阅情况分析、借阅热图分析、经费占比情况分析、指定图书的借阅分析、馆藏覆盖率分析等。此外,还可对馆内自助借还机的使用情况进行分析。

5.4.8 读者行为分析系统

1. 概述

将读者与馆方互动的事实数据高度抽象为:"谁在什么时间、什么地点,通过什么方式,做了一件什么事"的事件模型,提供多维度、多指标的交叉分析支持,全面支撑图书馆对数据分析的需求,驱动业务决策。

2. 主要功能

(1) 读者属性分析。指的是对读者自身的属性进行分析,包括年龄段、性别、星座、生肖等。

(2) 读者行为分析。行为事件管理提供对系统内置的行为,如图书借阅、续借、归还、网页浏览等用户关键行为事件的列表查看、详情查看支持。

(3) 高级分析。点击分析通过对 Web/H5 页面上 a、button、input 标签元素的点击事件采集记录,形成数据分析源,并通过用户行为数据建模形成"网页热力分析",从中可得到读者关注的热点;分布分析将揭示某个事件指标的读者分布情况等。

5.4.9 RFID系统平台

1. 概述

RFID图书标签是一种软硬件一体化产品,是带有天线、存储器与控制系统的无源低电集成电路产品,通过RFID读写装置可对其中的存储晶片进行多次写入及读取数据,在图书馆场景下多用于图书和多媒体光盘资料的标签辨识。RFID图书标签有高频和超高频两款,产品安装方便简单,仅需粘贴在图书书脊或扉页即可。高频标签工作标准是ISO 15693、ISO 18000—3,工作频率为13.56 MHz;超高频RFID图书标签工作频率为902~928 MHz;RFID图书标签可适配多种图书馆软硬件一体化的RFID设备。

2. RFID设备分类

(1) RFID层架标签。RFID层架标签固定在每一层书架上,可按图书位置定位书层位的标识标签,结合图书馆馆藏的实际情况来定义层架标的位置号,条码号对应层架位内容,用于存储各层架的图书信息。

(2) RFID读者证。RFID读者证内嵌RFID标签的,可在其中的RFID标签的存储晶片中多次写入及读取读者的基本信息,用于读者的流通借还操作、读者的身份辨识操作等。读者卡表面可根据图书馆需求进行设计。

(3) 标签加工置换(图书加工)。根据图书馆图书加工规范及要求,对现有图书进行加工,将RFID标签粘贴至馆藏图书内,并将相关数据写入RFID标签内。

(4) 馆员工作站(不带PC)。馆员工作站可根据需要集成RFID读写装置、各种类型读者证卡识别装置、条形码识别装置等设备,对RFID标签进行识别和流通状态处理,辅助以其他装置用于流通部门对粘贴有RFID标签及条形码的流通资料执行快速的借还操作,提高工作人员的流通资料借还效率。

(5) RFID安全门。RFID安全门对粘贴有RFID标签的图书等资料进行安全扫描。用于流通部门对流通资料进行安全控制,以达到防盗和监控的目的。

(6) 自助借还办证一体机。可通过读取第二代身份证信息,与图书业务系统对接,自动填充读者相关信息,从而实现读者快速办理图书馆证,进行图书借阅。

(7) 自助借还一体机。可实现身份证、社保卡、RFID读者证、电子证(二维码)、人脸识别等多种登录方式,实现多本快速借还、个性图书推荐、咨询、公告等新功能新服务。

(8) 自助办证机。可以让用户通过二代身份证自助办理读者证,减轻人工办证的繁琐手续,方便快捷。系统具有收款、吐卡、登记办证等基本功能,从而提高图书馆办证效率,延长开馆时间,节省办馆成本,删减读者办证繁琐手续,提升读者自助服务意识,实现图书馆办证服务的自动化、标准化与规范化。

（9）智能书架（双面）系统。智能书架是一套高性能的在架图书实时管理系统，利用高频或超高频RFID技术实现在架图书单品级物品识别，可完成馆藏图书监控、清点、图书查询实时定位、错架统计等操作。智能书架系统具有检测速度快、定位准确等特点，可应用于图书、档案、文件管理等领域。智能书架系统由智能书架、智能书架管理系统、书架检索设备组成(图5.18)。

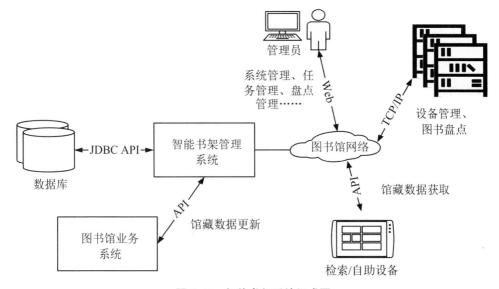

图 5.18　智能书架系统组成图

智能书架管理系统，能够控制智能书架的工作状态，同时负责识别书架上的图书信息，通过网络通信将识别数据信息上报图书馆管理系统，并保存到系统服务器数据库中。智能书架采用的关键技术主要有天线阵列技术、多路切换技术以及电磁场信号控制技术等，能够实现准确定位，并对每层RFID设备的读取范围进行有效控制，以此实现每本书的精确定位。通过后台软件的控制，可以实时跟踪每本图书的信息。通过RFID技术所做的智能书架，不但方便图书上架操作，还能强化图书管理动态管控机制。读者可以在线查询图书与文献的位置及借阅的状态，图书馆馆员可通过系统来查询错置的文献与图书，馆员只需依系统提示，放回正确架位即可。馆员也可随时进行全馆清点，系统会自动将所清点的资料做统计分析以便馆员做有效处理。该系统可支持有线或无线WiFi通信方式，所有图书馆信息不但可以通过授权的有线网络链接查询，将来也可以通过智能终端等无线设备进行链接，也就是说，管理层可以通过智能终端等无线设备实时查询图书馆图书状态，做到随时随地查阅。读者也可以用手机来预定图书，系统会告知读者预定书籍位于哪个书架哪一层。定位信息是实时更新的，并不是传统意义上图书馆第一次上架时书籍的上架信息，因此，可以更准确地指导读者去相应的位置寻找图书。

智能书架管理系统通过图书馆局域网与智能书架和书架检索设备链接,监控和管理智能书架,实现业务功能。

(10)移动盘点车。移动盘点车是一种针对 RFID 标签的扫描、统计设备,通过对书架上粘贴有 RFID 标签的流通资料的扫描,可以帮助馆员完成阅览登记(顺架)、查找和盘点等工作;通过对书架上架标、层标以及图书标签的扫描,采集传送信息,自带定位功能,方便馆员随时查看当前位置信息。

(11)智能图书盘点机器人。图书馆通过机器人盘点来实现盘点自动化,在图书馆馆藏区域部署盘点机器人,在闭馆后盘点机器人管理系统调度盘点机器人按预先设定的路线,利用自身携带的 RFID 扫描装置对书架上的图书进行自动化扫描,获取在架图书信息。系统后台与图书馆业务管理系统对接,实现图书盘点自动化。

① 系统架构如图 5.19 所示。机器人盘点系统由盘点机器人、机器人管理平台、通信网络及应用系统组成。机器人盘点系统属于一个独立的系统,通过图书馆核心网与图书馆业务系统进行数据交互;盘点机器人通过专用网络连接管理和应用平台,满足用户的各种服务需求。

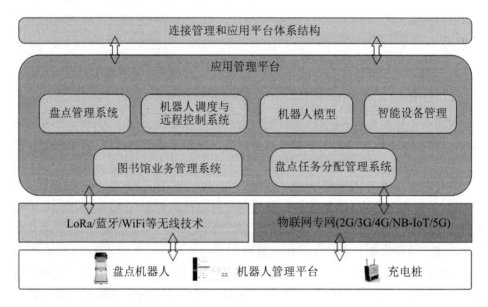

图 5.19 智能图书盘点机器人系统架构图

② 业务流程如图 5.20 所示。机器人管理平台通过网络管理或配置盘点机器人,盘点机器人执行盘点任务后将盘点数据返回给管理平台,管理平台通过接口从图书馆业务管理系统获取图书馆馆藏数据,比对分析后输出盘点报表和盘点数据,将盘点数据返回给图书馆业务管理系统,更新图书所在位置,发送盘点报表给工作人员,提供错架信息,便于馆员处理错架。

第 5 章　数字图书馆应用系统建设

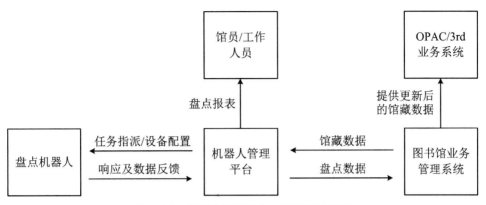

图 5.20　机器人管理平台业务流程示意图

③ 盘点机器人管理系统。盘点机器人管理平台，配套盘点机器人使用，提供机器人管理、任务调度、盘点管理、统计报表等功能。机器人盘点系统功能设计如图 5.21 所示。

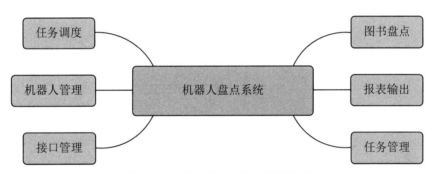

图 5.21　机器人盘点系统功能设计图

(12) 门禁联动装置（智能门禁系统）。门禁系统实现与自动玻璃门、视频监控系统、图书馆管理系统之间的联动，对读者身份进行识别，控制图书馆通道门的状态。门禁读头可整合身份证登录、RFID 读者证登录、二维码扫描、人脸识别等多种登录形式。图书馆通过这套系统，可实现读者进入场馆的入馆认证，实现自动防盗、防尾随功能，从而可以实现图书馆的 24 小时无人值守管理，大大节约了图书馆的人力成本，使图书馆管理更加方便快捷。读者进馆流程、离馆流程分别如图 5.22、图 5.23 所示。

3. 图书馆 RFID 系统设计方案及应用实例

以 24 小时城市书房建设实践为案例，详细介绍 RFID 系统建设实施。24 小时城市书房系统是以 RFID 技术、自动化控制技术、多媒体技术、计算机技术以及网络通信技术为平台，将相关技术整合成为一个终端或综合体分布于城市任何地方，能够与图书馆之间通过网络实现信息实时交互的 24 小时无人值守智能图书馆系统。读者不受图书馆开、闭馆时间的限制，在 24 小时城市书房就能享受图书馆各

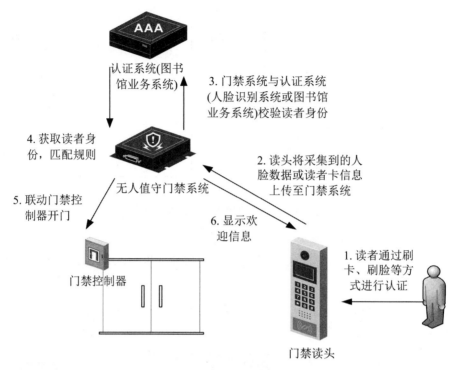

图 5.22 读者进馆流程图

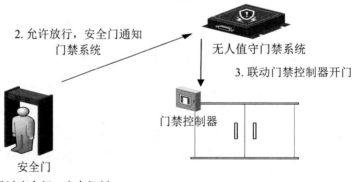

图 5.23 读者离馆流程图

项服务。24 小时城市书房可以提供读者办证、借还书、查询、续借等功能。

24 小时城市书房通过建设自助办证系统、自助借还书系统、安全门禁系统、视频监控系统、紧急呼叫系统、智慧书房等,给读者提供自助办证、借书、还书、续借、查询、室内阅览等功能。

1) 系统架构设计(图 5.24)

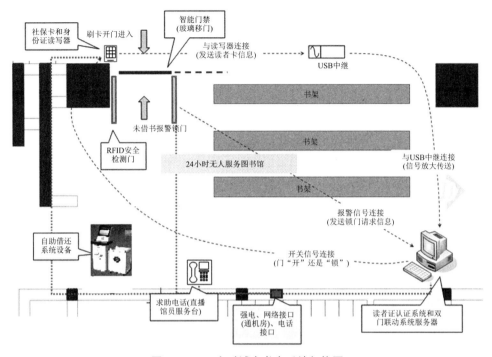

图 5.24　24 小时城市书房系统架构图

2) 工作流程设计

① 办证。读者通过二代身份证在门口自助办证机上办理读者证,或者通过身份证进入 24 小时图书馆后,在自助办证机上进行办证。

② 开门。读者利用读者卡或身份证在门口刷卡器上刷卡进行身份认证,认证通过后进入 24 小时图书馆。

③ 阅读。读者选择自己喜欢的书籍在阅览区进行阅读。

④ 借书、续借、查询。读者通过自助借还系统设备进行借书、续借、查询等。

⑤ 还书。读者通过读者证刷卡开门后,在自助借还书机上进行还书操作。

⑥ 出门。借书、还书成功后,读者经过门禁系统离开 24 小时图书馆。如果读者携带未办理借出手续的图书出门,门禁系统报警,门磁锁死无法出门,同时监控进行抓拍上传。

5.4.10　人工智能服务平台

1. 概述

公共图书馆阅读推广的相关研究问题日益受到重视,用语音识别技术、自然语义理解、机器学习等人工智能新技术赋能,将阅读服务与现代科技紧密结合是智慧图书馆建设的热点领域。智慧图书馆的"智慧"来自于各类信息技术和智能技术的综合应用,它是以物联网技术、体感技术、大数据技术、人工智能技术等为基础,在可持续性创新下不断优化服务模式和管理工作,其基础是图书馆业务的自动化和管理的智能化,公共图书馆人工智能服务平台构建尤为关键。

2. 关键技术

(1) 自然语言处理。自然语言处理(natural language processing,NLP)是指利用人类交流所使用的自然语言与机器进行交互通信的技术,是以语言为对象,利用计算机技术来分析、理解和处理自然语言的一门学科,即把计算机作为语言研究的强大工具,在计算机的支持下对语言信息进行定量化的研究,并提供可供人与计算机共同使用的语言描写。自然语言处理的基本任务是基于本体词典、词频统计、上下文语义分析等方式对待处理语料进行分词,形成以最小词性为单位,且富含语义的词项单元。

(2) 语义网。能够根据语义进行判断的智能网络,实现人与电脑之间的无障碍沟通。它的核心是通过给万维网上的文档(如 HTML 文档、XML 文档)添加能够被计算机所理解的语义"元数据"(metadata),从而使整个互联网成为一个巨型的大脑,智能化程度极高,协调能力非常强大。

在语义网上连接的每一部电脑不但能够理解词语和概念,还能够理解它们之间的逻辑关系,可以做人所从事的工作。

(3) 知识图谱。在图书情报界称为知识域可视化或知识领域映射地图,是显示知识发展进程与结构关系的一系列不同的图形,用可视化技术描述知识资源及其载体,挖掘、分析、构建、绘制和显示知识及它们之间的相互联系。具体来说,知识图谱是通过将应用数学、图形学、信息可视化技术、信息科学等学科的理论和方法与计量学引文分析、共现分析等方法结合,并利用可视化的图谱形象地展示学科的核心结构、发展历史、前沿领域以及整体知识架构,达到多学科融合目的的现代理论。

(4) 应用大数据。大数据产业正快速发展成为新一代信息技术和服务业态,即对数量巨大、来源分散、格式多样的数据进行采集、存储和关联分析,并从中发现新知识、创造新价值、提升新能力。大数据应用技术的发展将涉及机器学习、多学科融合、大规模应用开源技术等领域。

3. 人工智能服务平台构建实例

安徽省图书馆少儿阅读服务平台以图书馆的少儿读者及其读者阅读行为为研究对象,利用人脸识别、语音交互技术、机器学习和自然语言处理等人工智能技术,结合安徽省图书馆内业务大数据处理和阅读测评结果,开展多维度少儿阅读服务,从而达到精准阅读推广的目的。

1) 系统总体框架设计

少儿阅读精准化服务应用平台系统部署在安徽省图书馆内服务器中,以私有云服务的方式为应用终端提供语音服务,通过集成标准的 SDK 控件/API,为用户提供语音识别、语音合成、自然语言理解等功能和服务。系统总体框架包括基础设施层、数据资源层、技术处理层、服务应用层(图 5.25)。

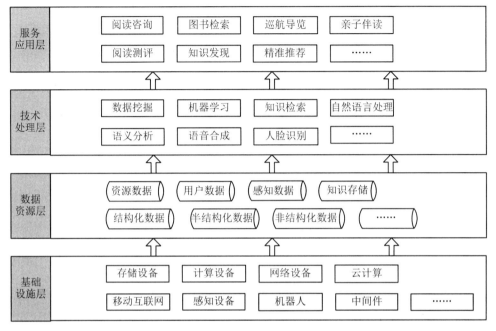

图 5.25　少儿阅读服务平台系统架构图

① 基础设施层是指软硬件基础,既包括传统的计算机操作系统、存储设备、计算设备,也包括移动互联网、感知设备(如传感器设备、监控设备、RFID 设备等)、机器人、中间件等。

② 数据资源层主要包括资源数据、用户数据、感知数据等。

③ 技术处理层是人工智能技术服务的核心层,通过综合运用统计分析、数据挖掘、机器学习、自然语言处理等方式对数据进行深入分析,研究用户行为特征,发现用户服务需求,预测用户服务满意度。

④ 服务应用层是整个人工智能精准化服务的终端体现,构建了少儿阅读服务模型,挖掘并精确了解用户的服务需求,帮助用户获取、利用、分享数据资源,实现为用户提供人工智能服务的目的。

机器人技术调用架构及知识库原理分别如图 5.26、图 5.27 所示。

2) 主要功能

安徽省图书馆少儿阅读服务平台通过人脸识别、语音交互技术、机器学习和自然语言处理等人工智能技术,结合图书馆内业务大数据处理结果,构建少儿阅读模型,开展人机交互服务。机器人通过语音输入,让咨询化繁为简,即说即解;一个管理中心,统管多个后台终端,能更加便捷咨询馆内的活动和信息,扩大读者了解馆

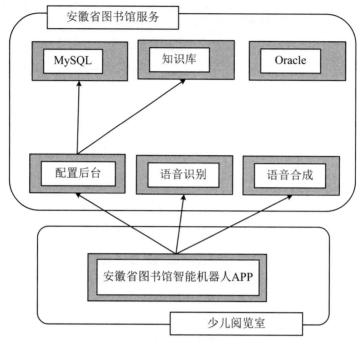

图 5.26　机器人技术调用架构图

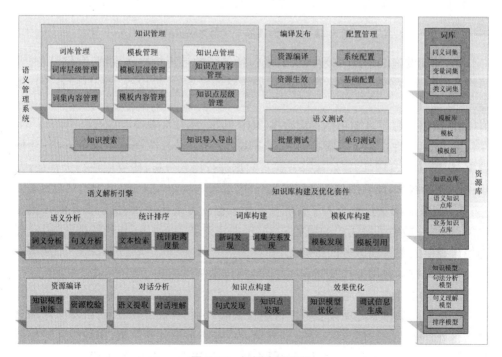

图 5.27　知识库原理图

内动态的渠道,同时形成图书馆阅读服务知识库,提升图书馆少儿馆藏资源科学性和少儿读者服务精准性;依托于语音合成技术,支持多语种多方言多角色朗读,定制化复刻家长声音,构建陪伴式亲子阅读场景;利用人工智能平台对少儿读者读后效果进行分析、测算与反馈,从而提升用户的阅读效果,让孩子在机器人陪伴下进行阅读和学习。通过"亲子伴读阅读场景""阅读测评"的少儿精准阅读服务模式,重塑少儿阅读服务场景,营造科技化、智能化的阅读体验,丰富少儿读者对阅读内容的理解,开展智能交互式阅读服务和主动导航式阅读服务。

安徽省图书馆少儿阅读服务平台可实现人脸识别、交互式语音咨询服务、智能化交互书目检索、阅读个性化推荐、图书馆知识库构建、智能化活动推送、亲子伴读、阅读能力测评等智能化服务功能。平台于 2020 年 1 月 1 日正式上线,使用期间,给亲子少儿阅读体验中心的读者带来了全新的阅读体验,特别是机器人馆员的自动巡航、图书导航、亲子伴读等功能深受小读者们的喜爱。图书馆阅读服务机器人系统致力于改善图书馆少儿传统服务模式,以"人工智能+少儿阅读"构建阅读场景,创新服务模式,激发少儿阅读兴趣,培养儿童阅读习惯。

5.4.11 数字资源服务平台

1. 概述

数字资源服务平台的建设,涵盖了资源管理、资源应用、资源传播、用户使用、资源运营等完整的一套围绕资源和用户全生命周期的平台管理系统,实现自建及采购数字资源统一覆盖、统一支撑、统一服务规范。打通纸质书、电子书、期刊、多媒体信息等资源联系渠道,提供统一的资源相关操作功能,包括资源的采购、第三方电子资源接入、其他馆的资源对接、资源借阅、归还等,为图书馆提供智能化资源管理。

数字资源平台建设要解决的问题归结为"存""管""用"。从"存"的角度出发,平台要实现将自建资源、国家提供的共享资源、资源商提供的镜像资源的元数据和本体数据进行存储,对所有资源进行统一和规范,为后续的资源管理和使用提供基础。从"管"的角度出发,平台实现所有数字资源的统一管理,目的是在收集到资源数据、用户数据和阅读数据后,为运营好资源提供参考,为服务好用户提供依据。从"用"的角度出发,平台要实现的目标是将合适的资源推送给需要的读者,提高资源的利用效率,发挥资源的最大价值。

2. 标准和协议

数字资源服务平台基于微服务架构,分布式部署,具有高扩展性、高灵活性;可跨平台运行 Windows、Linux、Unix 等系统,同时兼容各微信小程序、浏览器、触摸一体机等;H5 开发,可以与读者远程访问系统兼容,提供标准化数据接口,实现数据共享。资源服务系统架构如图 5.28 所示。

基础服务层包含网络设备、服务器系统、数据库、中间件、基础应用平台、通用服务管理和基础运行环境等被监测资源。

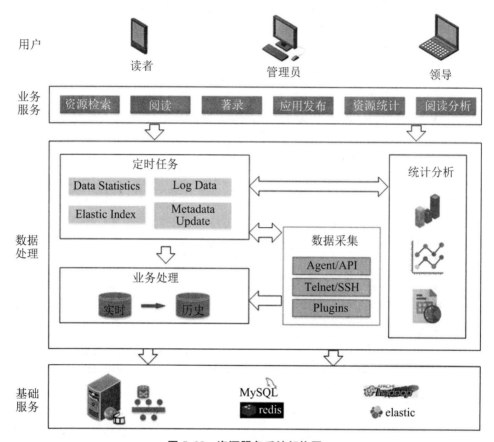

图5.28　资源服务系统架构图

数据处理层包含采集和接收两部分。数据采集通过定时任务、实时触发的方式,利用HTTP、AMQP(advanced message queuing protocol,即高级消息队列协议,类似于Java中的JMS,是比较上层的规范)、syslog、Telnet、SSH、FTP等标准协议和各种业务系统专有协议实现远程监控和数据采集,并将收集的数据进行业务处理,为数据的报表展示提供依据。

业务服务层主要是通过索引、统一检索、应用发布引擎来实现的。索引是对元数据仓储中所有的自建、共享和采购资源的元数据进行加工。统一检索引擎可以将索引中的资源进行检索并根据对检索关键词建立的打分规则,实现匹配度的排序。应用与发布处理引擎对不同字段、不同元数据库的检索结果进行合并、排重、排序等处理,并输出统一的检索结果。

3. 设计方案及应用实例

数字资源中心建设符合"高内聚、低耦合"的先进软件设计理念,即在保持各子业务系统独立性的同时,又要使这些子系统相互统一,数据可以在各子系统之间相互流转、操作。读者通过读者证单点登录实现身份认证后,直接可以在系统之间跳转而不需要再次登录,还提供了 H5 页面为图书馆 APP 直接在移动端访问资源。资源服务系统功能结构如图 5.29 所示。

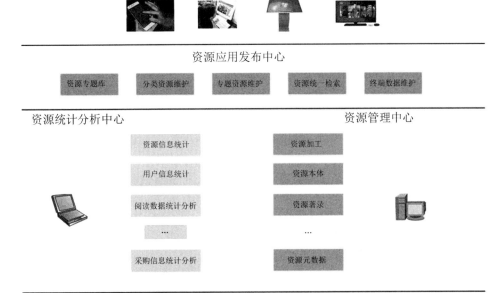

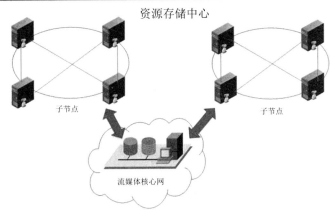

图 5.29　资源服务系统功能结构图

1) 资源管理中心

构建本地化、特色化、标准化、综合化的资源管理平台,实现资源共建共享。

2) 用户子中心

用户中心的功能围绕平台用户设计,包含平台用户的管理维护、认证授权、阅读历史及业务自动化系统中的部分数据等。统一身份认证以馆业务自动化系统为基础,实现以读者证为统一身份认证在不同系统之间获取统一服务的功能。

3) 资源应用与发布中心

资源应用与发布中心是以海量资源的整合检索为核心,采集机构内外部各类数字资源的元数据信息,建立本地化的元数据服务,以用户高质量、高效率获取信息为目的,以统一的资源选择方式、统一的检索方式,实现基于元数据的数字资源统一检索与发现利用,提升数字资源的利用与获取效率。

应用发布中心包含了将资源统一运营的需求,既可以人工参与,也可以根据用户阅读数据进行分析,实现用户画像的数据推送。

4) 资源存储中心

支持多种存储形式和媒介。从单机的 VFS 到更具弹性的集群云存储,全面满足不同规模的客户要求。在技术上能够支持客户选择单机、自建云或商业云存储。

视频加工会产生两类数据:多媒体元数据和多媒体文件。多媒体元数据对于存储空间大小没有过高的要求,普通数据库系统即可满足。多媒体文件自身差别很大,从小码率到大码率、不同分辨率及高速摄像,文件大小从几 G 到几百 G 不等,对于存储容量要求很高。为了适应网络上多人并发播放和不同带宽下的流畅播放,会对片源文件进行不同码率下的各种转换,并针对不同播放协议提供相应格式的视频文件。

5) 资源统计分析中心

统计馆内所有的数字资源总条数、占有大小,以及使用数字资源阅读的读者,最终的目的是通过资源、用户、阅读的数据,为不同性别、年龄等多维度的读者推送需要的数字资源。

5.4.12 数字终端服务平台

1. 电子借阅机

可输送海量电子书阅读资源,有 3000 册本地电子书目资源(中配版 2000 册),网上有 5 万种电子书资源,支持电子图书借阅机线上试读和微信扫码下载阅读,无需安装 APP。打造数字图书馆,包含馆内数字资源、公共文化云、馆内专题资源三个栏目的数字资源。电子图书借阅机可对接图书馆电子资源馆外访问系统,通过对读者和资源的灵活授权,实现电子资源的馆外远程授权访问,打造数字资源门户。

2. 电子读报机

主流报纸支持读者通过电子读报机微信扫码阅读。报刊内容丰富多彩,涉及面广,栏目众多,形式新颖别致,篇幅短小精悍。通过阅读报刊能快速了解社会实时状况,关注民生大事,扩展基层群众的阅读层面,丰富精神文化内涵。

5.4.13 数字体验服务平台

1. 感知智慧屏(交互屏)

设备具备 AI 人脸识别能力,内置声音分贝检测器、空气质量检测器、温湿度检测器、人体体温检测器、人体感应器等传感设备,可实时监测馆内环境。结合业务系统可提供活动报名、签到、自助办证、押金缴纳、信息发布展示等多功能服务。

2. 可视化检索一体机

搭配可视化 3D 虚拟场馆系统使用。设备采用卧室触控大屏设计,读者可通过触屏的方式实现与 3D 虚拟场馆系统交互。

3. 瀑布流

采用三块 46 寸屏拼接,借助瀑布流电子阅读设备,将传统纸质图书以数字的形式展示,丰富图书馆读者阅读方式,使阅读变得生动有趣。电子图书以瀑布流的形式从顶端向下漂落,触碰图书封面,即可打开图书详情页;支持在线阅读,通过扫描二维码的方式借阅图书;每块拼接屏的图书随机排序。

4. VR 互动椅

又称蛋椅式 VR 互动体验设备,是外观设计成鸡蛋形状的可以 360°旋转的座椅。用户坐在蛋椅上,戴上 VR 头盔,体验过山车这类游戏的时候,蛋椅会配合头显的画面震动,给玩家带来极强的真实感。

第6章 数字图书馆信息化人才队伍建设与管理

6.1 数字图书馆人才队伍建设概况

信息化时代的到来,使得计算机网络技术等信息技术深入人们生活的方方面面,也影响了各行各业,这就要求图书馆从业人员的专业素质必须跟上信息技术的发展变化。图书馆工作者一方面要利用现代信息技术进行图书馆业务处理,另一方面还要利用现代信息技术开展读者信息服务。构建与时俱进的图书馆信息人才队伍就成为当前图书馆人才队伍建设的重点之一。

6.1.1 数字图书馆人才队伍建设现状

1. 数字图书馆工作人员的专业素养较低

当前图书馆工作人员群体中,人才队伍的专业构成不够科学,文科类人才占比过多,理工类人才占比过少,特别是与数字图书馆建设直接相关的计算机网络技术人才不足。和其他社会热门行业比,现有的人才队伍专业知识陈旧,缺乏竞争力,不能满足数字图书馆建设、管理和服务运行的需要。

2. 图书馆工作人员的信息素质匮乏

目前传统图书馆依然是图书馆界形态的主流,图书馆员的主要工作任务和精力依然放在印刷版图书的采编和流通上,利用信息技术开展读者信息咨询服务的工作起步时间并不长,也不是工作的主要内容,服务手段以给读者提供纸质印刷书籍和刊物为主,辅以部分电子资源阅览服务的开展,对读者的信息服务缺乏系统化、专业化和内容深度探索,特别是缺少数据挖掘、整理、归纳等现代信息技术在开展读者信息服务方面的应用能力。

3. 图书馆人才队伍科研程度低下

在向数字图书馆转型发展的过程中,传统图书馆的主要书籍采编流通业务不会消失,图书馆员的任务重点还是满足日常的图书流通工作,没有过多时间去思考、跟进、改善和研究图书馆信息服务的科技利用和水平提升的专业问题。即使看到其他行业普遍利用的信息化手段可以移植到图书馆行业用于提高服务效果,他们也没有条件去深入研究、做图书馆行业的技术科研适配工作。因此图书馆行业人才特点从整体上看科研动力不强,能力和条件有限。

4. 人才管控系统不完善

信息技术发展日新月异,其在图书馆行业的应用也越来越广泛,新兴技术需要广泛的人才支撑,而图书馆人才引进和管理模式依然停留在与过去传统的图书馆业务和服务相适应的阶段,人才培养和管理的规划不具有前瞻性,途径单一,内容不够全面,特别是缺乏复合型信息化人才的培养和管理规划。

6.1.2 数字图书馆信息化人才队伍建设与图书馆的具体工作相联系的几个方面

1. 与图书馆的信息化系统建设相联系

数字图书馆的高素质人才团队建设可以在建设一个计算机网络通信技术发达、信息整理供应能力强、数字化设施设备完善的信息化系统的过程中逐步实现,因此,有意识地推行现代化信息技术建设和人才建设相联系,是提升图书馆人才团队素养的关键举措。合理的图书馆专业技术岗位设置反过来也会推动图书馆信息化建设的发展。

2. 与数字图书馆的服务模式相联系

信息化时代的数字图书馆也需要与读者进行面对面交流,这就对图书馆员专业知识的深度和广度提出了更高的要求。与读者的沟通和交流过程,考验的是图书馆员的综合知识能力,图书馆员不仅要了解读者需要的专业知识,还要了解可以有效传递这些专业知识给读者的现代化传播手段和技术,要了解不同的读者类型和他们的信息需求特点,在工作中进行有效的服务模式创新,达到既服务读者,又提高自己的目的。

3. 注重与图书馆学科研工作的开展相联系

图书馆是人们终身学习和进行知识研究的最佳场所,图书馆员有天然的便利条件参与其中。现代化信息技术层出不穷,应用多种多样,图书馆需要跟上社会和信息技术发展的步伐去加以应用。哪些技术适合图书馆?哪些不适合?这些技术的生命力和可持续性如何?会不会带来不可控的风险和资源浪费?这些问题都需要在实践中找到答案。加强新技术适应性科研,稳步推进新技术研发和具体需要相结合,在图书馆内营造人人积极参与学习和科研的浓厚学习氛围,有助于数字图书馆的建设、数字图书馆员的培养、更好地开展读者服务工作,以及提升数字图书馆管理水平和服务能力。

4. 完善人才队伍的管理体系和制度

图书馆需要向管理要效益,搞好管理工作才能跟上国家和社会的发展进程。

好的管理需要建立科学有效的管理体系、完善的规章制度和人才管理体制。加强对信息化专业人才的发掘和培养,合理建立和利用有效的奖励和筛选机制,让合适的人到合适的岗位,发挥每位馆员的主观能动性,提高他们学习、创新的能力和服务水平,努力培养一支既能严格遵守规章制度,又能解放思想,发挥个性化创新能力的数字图书馆人才队伍。

以服务开展为抓手,让图书馆人才队伍中的每一个个体可以跳出固有的专业局限去学习和交流,让每位人才都具备或多或少的复合专业能力,以更好适应数字图书馆的发展。

5. 建立健全的人才管理和激励机制

为满足人民需要,我国图书馆行业不断增强服务开放力度,延长工作时间,信息化建设推进后的分馆和服务站点不断增加,需要管理的信息化设施设备数量大幅增加,存放和使用地点越来越分散,因此普遍存在人员编制阶段性不足的现象。图书馆行业在全社会看来也不是职业发展热门行业,对人才的吸引力不强。这就要求图书馆管理者在健全人才管理和激励机制上多下工夫,在行业内采取科学设立岗位职责、及时调整岗位设置、加强竞争考核和激励机制、优化人才评价目标和体系等措施,做到人才能上能下、能进能退,充分发挥编制内外包括志愿者的能力,把有限的人力和物力资源调动起来,激发广大馆员的职业自豪感和主观能动性,以最大程度达成建好图书馆信息化,满足人民群众日益增长的信息需求的目标。

6.2 日常管理的注意事项

(1) 根据图书馆信息化人才的需求特点制定针对性的激励内容和方式,强化以岗位需求为核心的培养方法。

(2) 充分认识到图书馆信息人才培养是个长期的、不间断的过程,人才培养机制要追求长期效果。

① 坚持建设长期高效的人才团队沟通机制,加强人才团队之间信息化项目建设和日常不同工作岗位的技术交流和沟通工作,增强他们的协调配合能力。

② 坚持营造终身学习的内部学习氛围,在人才队伍中树立只有不断加强学习才能跟上信息技术和时代变化,胜任未来工作要求的认识。既可以通过"引进来",充分利用院校、厂商等师资力量,又可以通过"走出去",利用信息化项目培训等方式,建立一支优秀的信息化管理人才队伍。

③ 贯彻维护好科学有效的人才评价机制,人力资源管理者要着眼图书馆事业方向的长期任务并结合短期目标,制定切实可行的人才引进和培养长效机制,做好读者信息服务工作,为图书馆信息化发展做好人才储备。

(3) 将信息化纳入图书馆战略规划,加强软硬件设施的投入和建设,认识到图书馆事业发展和信息化建设是相辅相成、互相促进的,信息化建设成果最终要落实到图书馆读者服务工作的效果上来。适度超前的信息化项目建设也可以激发出新的图书馆业务增长点。

6.3 数字图书馆信息化管理人才工作岗位管理

6.3.1 工作岗位管理的目标

信息化团队建设的一项重要任务就是根据数字图书馆的建设目标合理设置信息化相关工作岗位。工作岗位管理的目标是既让每一位信息化人才都能充分发挥自己的专业特长和主观能动性去进行创造性的工作,又能培养出整个团队的合作意识去完成具体的工作项目或工程,为当前正在进行的传统图书馆向数字图书馆和智慧图书馆转型的历史进程提供坚实的人才组织支撑。首先,信息化团队工作岗位的设置要满足当前图书馆信息化管理的实际需要,能够完成相应的信息化基础设施及系统维护和升级工作。其次,工作团队要具备一定的应用系统开发能力,可以根据数字图书馆正在开展的业务建设和读者服务项目做一定的适应性开发。最后,信息化团队的工作岗位设置在团队目标上需长期和短期兼顾、在业务能力配置上需专业精通和系统全面兼顾、在人员培训途径上需业务实践和学术研究相结合。

6.3.2 工作岗位管理的要求

对图书馆信息化人员的管理要服务于图书馆建设的整体目标。传统图书馆的基础业务如图书的采编、分类、数字化处理和由此衍生的流通领域的数字化借阅及文献信息检索服务等是一直存在且需要不断加强细颗粒度管理的。以现代计算机网络技术为代表的信息技术的大发展,也给图书馆提升自己的服务效能创造了更有利的条件,提供了更多的手段,因此对图书馆信息化人才的管理也需要跟上现代信息技术能力不断提升的步伐,在图书馆人才的计算机操作水平、业务系统应用能力和开发能力建设管理上要不断求真、求实、求新和求完善。为此,需要科学设置数字图书馆信息化人员的具体工作岗位,搞好岗位之间的分工、协调和配合。

6.3.3 数字图书馆信息化人才岗位设置和工作内容

图书馆信息化管理岗位主要承担本馆计算机网络系统和图书馆业务自动化系

统建设与维护保障职能,包括维护全馆计算机网络和应用系统的正常运行、保存全馆数字资源、做好各项技术保障以及公共数字文化工程平台建设和技术指导工作。在当前信息技术条件下,图书馆可参考的信息化管理岗位设置及主要工作内容有:

(1) 网络管理岗。承担全馆网络信息安全管理工作,包括定期检查全馆网络系统的运行状态,查杀病毒,及时发现试图获得非法权限、破解密码、攻击系统等非法行为并提出解除方案,管理全馆局域网用户权限和 IP 地址,承担防火墙、上网行为管理,核心路由器、交换机、流量控制等网络设备安装调试和日常维护管理工作及全馆网络线路的检查维护工作。

(2) 机房管理岗。承担本馆中心机房和网络机房日常管理工作,包括中心机房、交换机机房的设备管理和维护,具体有:机房各类设备设施运行状态监测、虚拟化平台与存储设备平台管理和维护等,此外还需配合维保厂家完成数据备份系统的巡检维护。

(3) 业务系统管理岗。承担本馆主业务系统及关联系统的系统维护和日常管理工作,包括本馆主业务系统各类平台及相关联的系统(流量控制系统)的安装、维护、管理、业务统计、数据备份工作及本馆主业务系统后台数据库系统管理工作。

(4) 数字资源管理岗。承担本馆电子资源更新及数字图书馆各应用系统维护工作,包括馆内采购数字资源的数据库系统安装、调试、更新、维护、统计工作及自建数字资源的保存工作。

(5) 网站运行维护岗。承担本馆网站建设和日常管理工作,包括网站应用系统的架构、安装、配置、系统管理和维护工作,网站系统数据库的备份工作及各类用户账号的管理工作。

(6) 计算机设备维护岗。承担本馆计算机终端类硬件设备的日常管理和维护工作,包括全馆计算机终端设备的发放、回收、设备故障的排除和维修,及软件安装、配置和网络故障处理工作。

各岗位之间工作职能和工作方法既相对独立,又相互交叉,相互之间具有密切联系。例如业务系统岗进行安装、配置和调试等管理工作时,依赖网络管理岗和机房管理岗提供良好的测试、配置等网络环境、服务器环境和存储环境才能合理部署和管理业务系统,以满足图书馆业务的开展,也依赖计算机设备维护岗对终端计算机设备的良好维护才能有效揭示馆藏,开展读者服务工作。数字资源管理岗同样也依赖网络管理岗和机房管理岗提供软硬件支撑环境,另外还依赖网站运行维护岗提供合适的资源发布平台支撑。不同岗位之间的这种既严格分工又密切合作的关系,决定了图书馆信息化管理岗位人才培养的战略方向应该是一专多能、全面发展的,以期用最高效精简的信息化管理团队达成图书馆信息化建设所需的人才配置。这一战略对于一些信息化人才岗位配置指标有限的中小型图书馆具有特别现实的指导意义。

第 7 章 信息安全技术应用

7.1 《网络安全法》和网络安全等级保护 2.0 制度概述

2016 年 11 月 7 日,第十二届全国人民代表大会常务委员会第二十四次会议通过了《中华人民共和国网络安全法》(下文简称《网络安全法》),并于 2017 年 6 月 1 日起正式施行。《网络安全法》共有七章七十九条,大体上从六个方面介绍了网络安全相关的一系列规则制度:

(1) 明确网络空间主权原则。
(2) 明确网络产品和服务提供者的安全义务。
(3) 明确网络运营者的安全义务。
(4) 进一步完善个人信息保护规则。
(5) 建立关键信息基础设施安全保护制度。
(6) 建立关键信息基础设施重要数据跨境传输的规则。

网络安全等级保护 1.0 制度普及了等级保护的基本概念,强化了网络安全等方面的保护意识,无论是单个系统或部门,还是到各行各业,再上升到国家层面,从合法合规到攻防对抗,整体提升了网络安全保障能力技术,并且不断进行人才的培养和积累,这些都对网络安全等级保护 2.0 制度的完善和优化提供了有力的支撑和保障。

网络安全等级保护 2.0 制度是我国网络安全领域的基本国策、基本制度。等级保护标准在 1.0 的基础上,更加注重主动防御,从被动防御到事前、事中、事后全流程的安全可信、动态感知和全面审计,实现了对传统信息系统、基础信息网络、云计算、大数据、物联网、移动互联网和工业控制信息系统等级保护对象的全覆盖。

7.2 主要信息安全技术

7.2.1 信息安全的要求

信息安全的要求体现在：一是法律法规逐步健全和普及的要求，二是互联网自身日益发展的安全方面的要求，它不仅在制度上要立规上纲，而且在技术上也不断出现新的设备和应用程序。

1. 满足法律法规要求

国家的政策法规、行业标准等都明确对日志审计提出了要求，日志审计已成为企业满足合规内控要求所必需的一项基本要求。《网络安全法》第二十一条第三则中规定：采取监测、记录网络运行状态、网络安全事件的技术措施，并按照规定留存相关的网络日志不少于六个月。

《网络安全等级保护基本要求》(GB/T 22239—2019)中规定：二到四级需要对网络、主机、应用安全三部分进行日志审计，留存日志需符合法律法规规定。

2. 满足系统安全管理的要求

随着网络的普及和信息化的发展，当前信息安全形势越来越复杂，信息安全防护工作面临多方面的困难和挑战。日志审计设备恰能够帮助用户更好地监控记录和保障信息系统安全运行，及时识别针对信息系统的入侵、攻击、违规等安全信息，同时日志审计按要求提供不少于六个月的日志信息，能够为安全事件的事后分析、调查取证提供必要的信息证据。

7.2.2 网络安全产品分类

目前市场上常见的网络安全产品包括以下几种类型：

1. 防火墙

所谓防火墙是指设置在不同网络或网络安全域之间的一系列软件和硬件设备的组合。它可以通过监测、限制、更改跨越防火墙的数据流，尽可能地对外部屏蔽网络内部的信息、结构和运行状况，以此来实现网络的安全保护。

在逻辑上，防火墙是一个分离器、一个限制器，也是一个分析器，它有效地监控了内部网和因特网之间的任何活动，保证了内部网络的安全。防火墙对通过它的数据流进行规则匹配，过滤掉匹配上规则库内危险行为的数据，使得进出防火墙的双向数据都必须符合制定的规则才能够通过。另外，防火墙可以关闭不使用的或指定的通信端口,还可以根据来源和目标地址来限制数据流通过指定的端口。最后,它可以禁止来自特殊地址的访问,从而阻断来历不明的入侵者的所有通信和连接。

(1) 典型的防火墙具有以下三个方面的基本特征:

① 能够控制防火墙两侧网络之间的数据流通信,即部署在防火墙左右两端网络的所有通信数据流都必须经过防火墙。因此防火墙必须串联在网络中,只有这样,所有进出流量只有此一条通道,才可以全面、有序地保护内部网络不受侵害。

② 按需求配置安全策略,只有满足规则的数据流才能通过防火墙。防火墙最基本的功能是保证外部网络对内部网络访问的安全,同时,也要求符合规则的内部数据流通过防火墙。

③ 防火墙自身应具有稳定性和抗攻击免疫力。防火墙要保证内部网络的安全,其自身要具有非常强的抗入侵本领。首先,防火墙的底层操作系统是关键,只有自身具有稳定和安全的操作系统才可以谈论防火墙的安全性。其次,防火墙应尽量减少提供其他非关键服务功能,除了运行专门的嵌入系统外,不提供其他应用程序的运行服务。最后,下一代防火墙还需具有沙箱功能,随着互联网的普及和信息化的发展,各种入侵方法和手段层出不穷,病毒、木马、后门五花八门。因此防火墙遇到的挑战也是不可预知的,这样就需要防火墙自身解决不了"疑问"时,将其数据引流到沙箱,由外部沙箱通过模拟和综合研判来确定数据流是否安全。

(2) 按照网络体系结构划分,目前防火墙大致分为网络层防火墙和应用层防火墙两大类:

① 网络层防火墙。网络层防火墙又叫数据包过滤防火墙,可视为一种 IP 封包过滤器。它在网络层对数据包进行选择,选择的依据是系统内设置的过滤逻辑,也称为访问控制列表。防火墙只允许符合特定规则的封包通过,其余的一概禁止穿越。数据包过滤防火墙逻辑简单,价格便宜,易于安装和使用,网络性能和透明性好,通常集成在路由器上。网络层防火墙也有一定的缺点。非法访问一旦突破防火墙,就可以对内部主机进行攻击。另外,数据包的源地址、目的地址以及 IP 的端口号都在数据包的头部,有被窃听或被假冒的风险。

② 应用层防火墙。应用层防火墙是在网络应用层上建立协议过滤和转发功能,使用浏览器时所产生的数据流或使用 FTP 时的数据流都属于这一层。它针对特定的网络应用服务协议,使用指定的数据过滤逻辑,并在过滤的同时,对数据包进行必要的分析、登记和统计,形成报告。从理论上来说,应用层防火墙可以完全阻断外部的数据流进入机器的内部。应用层防火墙仅仅借由特定的逻辑判定是否允许数据包通过。一旦满足逻辑,则防火墙内外的网络将直接建立联系,这将可能导致非法访问和攻击。所以大部分的防火墙都不会考虑以这种方法设计。

2. 防病毒技术

计算机病毒是一种对计算机信息或系统具有破坏性的计算机程序,它不是独立存在的,而是隐藏在可执行程序或数据文件中。计算机中病毒后,病毒能精确复制或者有修改地复制自身到其他程序体内,传播并感染其他正常程序,从而影响或破坏正常程序的运行。

目前典型的防病毒技术有特征值扫描技术、启发扫描技术、虚拟机技术、行为监控技术、主动防御技术等。

(1) 特征值扫描技术。特征值扫描是目前国际上普遍采用的查毒技术。其核心是从病毒体中提取病毒特征值构成病毒特征库,杀毒软件将用户计算机中的文件或程序等目标,与病毒特征库中的特征值逐一比对,判断该目标是否被病毒感染。

(2) 启发扫描技术。启发扫描主要是分析文件中的指令序列,根据统计知识判断该文件可能感染或不感染的概率。

(3) 虚拟机技术。多态性病毒每次感染都会改变其病毒密钥。对付这种病毒,普通特征值检测方法失效。采用虚拟机技术,在防病毒软件开始运行时,使用特征值检测方法检测病毒。如果发现多态性病毒,启动软件模拟模块监视病毒的运行,待病毒自身的加密代码解码后,再运用特征值检测方法来识别病毒的种类。

(4) 行为监控技术。病毒不论伪装得如何巧妙,它总是存在着一些和正常程序不同的行为。病毒的这些伪装行为做的越多,特征值检测技术越难以发现它们,由此反病毒专家提出了病毒行为监测技术,专门监测病毒行为。

(5) 主动防御技术。主动防御技术是指以"程序行为自主分析判定法"为理论基础,其关键是从反病毒领域普遍遵循的计算机病毒的定义出发,采用动态仿真技术,依据专家分析程序行为,判定程序性质的逻辑,模拟专家判定病毒的机理,实现对新病毒提前防御。

目前一些安全厂商都有自己的一系列产品。国内的安全厂商主要有奇安信、天融信、绿盟科技、山石网科等。国际主流软件有卡巴斯基、诺顿、迈克菲等。

3. 入侵防御系统

入侵防御系统(IPS)是网络安全设备,位于防火墙之后。IPS 技术可以深度感知并检测流经的数据流量,如果检测到攻击行为,IPS 会在攻击扩散到内网其他地方之前对恶意报文进行丢弃以阻断攻击。

入侵防御系统提供一种主动的、实时的防护,其设计旨在对常规网络流量中的恶意数据包进行检测,预先对入侵活动和攻击性网络流量进行自动拦截,使它们无法造成损失,而不是简单地在恶意流量传送时或传送后才发出警报。IPS 也像 IDS 一样,深入网络数据内部,查找分析符合其特征库的攻击代码,过滤有害数据流,丢弃有害数据包,并进行记载和分析。

互联网中有越来越多的病毒、垃圾邮件、蠕虫木马等混合威胁,企业或中小型局域网不仅要能够有效检测,更重要的是抵御其攻击的影响,将入侵防御系统部署在内部网络与外部网络的边界、重要服务器集群和数据库的前端、核心网络接入层等一些敏感区域,从而保证内部网络的安全和稳定。

4. WAF 系统

WAF 又称 Web 应用防火墙或 Web 应用防护系统,用来解决普通防火墙束手无策的 Web 应用安全问题。与传统的防火墙不同,WAF 工作在应用层,能够对 Web 应用程序客户端的各类请求进行检测和验证,从而保证连接的安全性和合法性,对一些非法请求和连接实时阻断,以保障内部各类网站站点的安全。

总体来说,Web 应用防火墙的功能也不尽相同,针对图书馆的设备可以概括为以下几个方面:

(1) 降低数据泄露风险。WAF 主要提供 SQL 注入防护、HTTP 协议防护、暴力破解防护、XML 攻击防护、Web 漏洞攻击和内容安全防护等。

(2) 支撑 Web 服务可用性。主要体现在 HTTP flood 防护、TCP flood 防护和慢速攻击防护。

(3) 控制恶意访问。针对互联网或者部署 WAF 设备的前端,提供 URL 访问控制、文件非法下载/上传防护、盗链防护和爬虫防护。

(4) 保护 Web 客户端。WAF 设备提供 CSRF 防护、XSS 防护和 cookie 安全(加密/签名)等。

需要指出的是,并非每种应用防火墙都同时具有以上各种功能,有些 WAF 设备还具有多面性的特点。比如从网络入侵检测的角度来看,可以把 WAF 看成运行在 HTTP 层上的 IDS 设备;从防火墙角度来看,WAF 是一种防火墙的功能模块;还有人把 WAF 看作"深度检测防火墙"的增强。

5. 用户上网行为管理设备

上网行为管理设备可以帮助用户实现对互联网访问行为的全面管理,可在网页访问过滤、行为控制、流量管理、防止内网泄密、防范法规风险、互联网访问行为记录、上网安全等多个方面提供最有效的解决方案。

上网行为管理可以防止工作人员进行无关的网络活动,杜绝带宽和资源的滥用,限制网速提高相关应用的工作效率,记录用户的上网轨迹,管控外发信息,防止机密外泄和保障内部数据安全。另外,上网行为管理设备还需具有智能数据分析能力,提供详细的可视化报表和详细记录,为用户管理和优化互联网访问提供决策依据。上网行为管理产品系列适用于需实施内容审计与行为监控、行为管理的网络环境,尤其是按等级进行计算机信息系统安全保护的相关单位或部门。

上网行为管理设备的系统功能主要包括:① 防止带宽资源滥用;② 防止无关网络行为影响工作效率;③ 记录上网轨迹满足法律法规要求;④ 管控外发信息,降低泄密风险;⑤ 掌握组织动态,优化员工管理;⑥ 为网络管理与优化提供决策依据;⑦ 防范病毒木马等网络风险;⑧ 降低成本,有效推行 IT 制度;⑨ 过滤恶意网页,防范恶意攻击;⑩ URL 灵活全面搜集。其中有些大类下面还可以细分为若干小类,例如,外发管控就可细分为普通邮件管理、Web 邮件管理、网页发帖管理、即时通信管理和其他外发管理等等。

6. 日志审计系统

日志审计系统是用于全面收集企业 IT 系统中常见的网络设备、安全设备、服务器、数据库、主机、应用系统等设备所产生的日志(包括运行、状态、消息、告警、操作等),并进行存储、监控、审计、分析、报警、响应和报告的系统。

常见的日志审计系统的功能包括:

(1) 日志监控。提供日志监控能力,支持对采集器、采集器资产的实时状态进行监控,支持查看 CPU、磁盘、内存总量及当前使用情况;支持查看资产的概览信息及资产关联的事件分布。

(2) 日志采集。支持对各类网络设备、操作系统、安全设备、数据库、应用系统的日志、事件、告警信息进行全面的日志采集,使得用户通过单一的管理控制台对 IT 环境的安全信息(日志)进行统一监控,将处理的结果分享给网内其他控制中心和终端,以提高全网的安全防护能力,完成对一次攻击及其报警的闭环防御流程。

(3) 日志存储。按照日志存储周期进行备份,具有海量日志接收和存储的能力,能够满足不同量级的企业和组织对各类日志的收集与分析需求。当磁盘空间日志存储量达到一定百分比时可设定为删除磁盘中的历史日志,并进行告警;手动备份和恢复时,可以显示恢复和备份的进度。

(4) 日志检索。提供灵活丰富的日志查询方式,支持全文、正则、模糊等多种方式的检索;提供简洁的日志检索界面和方便的日志检索操作,支持保存检索。

(5) 日志分析。可对收集的日志进行分类实时分析和统计,从而快速识别安全事故。可对不同类型设备的日志之间进行关联分析,支持递归关联、统计关联、时序关联,这几种关联方式能同时应用于一个关联分析规则。分析统计结果支持柱图、饼图、曲线图等形式并自动实时刷新。

(6) 日志转发。支持范式化日志和原始日志的转发。

(7) 日志事件告警。内置丰富的单源、多源事件关联分析规则,支持自定义事件规则,可按照日志、字段布尔逻辑关系等方式自定义规则;支持时间的查询、查询结果统计以及统计结果的展示等;支持对告警规则的自定义,可设置针对事件的各种筛选规则、告警等级等。

(8) 日志报表管理。支持丰富的内置报表以及灵活的自定义报表模式,支持编辑报表的目录接口、引用统计项、设置报表标题、展示页眉和页码、报表配置基本内容(如名称、描述等);支持实时报表、定时报表、周期性任务报表等方式;支持 HTML、PDF、WORD 格式的报表文件以及报表标识的灵活配置。

7. 数字证书

数字证书这一名词出自于英文 digital certificate 的翻译。它是互联网通信中标识通信各方身份信息的一系列数字,它提供了一种在互联网上验证通信实体身份的方法。数字证书不是数字身份证,而是由身份认证机构盖在数字身份证上的章或印。

数字证书是一种权威的电子文档,人们可以用它在互联网上识别对方的身份。数字证书可以由权威公正的第三方机构,即CA中心颁发,也可以由企业家CA系统颁发。

1) 数字证书的基本工作原理

数字签名验证的基本原理是将原文用对称密钥加密传输,并将对称密钥用接收方公钥加密发送给对方,接收方收到电子信封后,用自己的私钥解密信封,取出对称密钥解密得到原文。大致过程如下:

发送方A将原文信息进行哈希运算,得到一哈希值即数字摘要;发送方A用自己的私钥,采用非对称RSA算法,对数字摘要进行加密,即得到数字签名;发送方A用对称算法的对称密钥对原文信息、数字签名及发送方A证书的公钥采用对称算法加密,得到加密信息E;发送方用接收方B的公钥,采用RSA算法对对称密钥加密,形成数字信封,就好像将对称密钥装到了一个用接收方公钥加密的信封里;发送方A将加密信息E和数字信封一起发送给接收方B;接收方B接受到数字信封后,首先用自己的私钥解密数字信封,取出对称密钥;接收方B用对称密钥通过DES算法解密加密信息E,还原出原文信息、数字签名及发送方A证书的公钥;接收方B验证数字签名,先用发送方A的公钥解密数字签名得到数字摘要;接收方B同时将原文信息用同样的哈希运算,求得一个新的数字摘要;将两个数字摘要进行比较,验证原文是否被修改。如果二者相同,说明数据没有被篡改,是保密传输的,签名是真实的;否则拒绝该签名。

这样就做到了敏感信息在数字签名的传输中不被篡改,未经认证和授权的人看不见原数据,起到了在数字签名传输中对敏感数据的保密作用。

2) 数字证书的主要特点

① 安全。用户在申请数字证书时,会得到两种不同的证书,其中一份用于工作的计算机中,另一份则用于验证用户的信息交互。假如用户当前所使用的计算机与原来申请证书时使用的计算机不一样,则用户必须重新获取用于验证用户当前使用的计算机的证书才能正常工作,并且这份证书是无法备份的且复制是无效的,所以即便证书被他人窃取了,窃取者也无法获得该用户的账号信息,从而保证了用户账号信息的安全。安全是数字证书最重要的特征之一。

② 独特。数字证书是根据用户的身份来授予用户相应的访问权限的。任何用户在没有证书的情况下是不能对自己的账户信息进行任何操作的,而只能够查看和浏览。数字证书就像一把钥匙,我们平时所说的"一把钥匙只能开一把锁"就是这个道理。

③ 方便。用户可以随时申请、开启和使用数字证书,十分便捷高效,并可根据自己的需求选择相应的数字证书技术。数字证书对用户是透明的,一般是由国家认证的、权威的、高依赖的第三方CA机构颁发的,从而保证用户在浏览网页数

信息或进行网络交易时信息传输和交易的安全性。

3) 数字证书的应用场景

数字证书的应用非常广泛,包括在 Web 服务器和浏览器之间的通信、电子邮件、数据交换以及互联网上的信用卡交易等。数字证书的广泛使用能满足人们对网络交易安全保障的需求。

虚拟专用网络利用网络层安全协议和数字证书技术来获得机密性保护,基于 PKI 技术的 IPSec 协议已经成为架构 VPN 的基础。虽然实现起来会比较复杂,但其安全性比其他协议都要完善许多。

电子邮件的易用性、低成本和高效性已使其成为日常生活中的一种标准信息交换工具。随着互联网的普及,一些商业机构和政府机构都开始使用电子邮件来办公或交换一些机密文件和有商业价值的信息。这就涉及安全方面的问题,例如信息和附件在不为通信双方所知的情况下被读取、篡改或剪截,发信人的身份无法确认,等等。电子邮件的安全需求也是机密的、完整认证和不可否认的,而这些都可以使用数字证书来保障。

浏览 Web 页面是人们最常用的使用互联网的方式。如果要通过 Web 页面进行一系列的商业交易,该如何保证交易的安全和可靠呢?为了透明地解决 Web 安全问题,在两个实体进行通信之前,先要建立 SSL 连接,以此实现对应用层透明的安全通信。利用数字证书,SSL 协议允许在浏览器和服务器之间进行加密通信。此外,服务器端和浏览器通信时,通信双方还可以通过数字证书来确认彼此的身份信息,以满足安全方面的需要。结合 SSL 协议和数字证书,PKI 技术可以保证通过 Web 页面交易多方面的安全性,使得 Web 上的交易和两个实体面对面的交易一样安全有效。

随着个人计算机的普及和互联网的发展,电子商务也在以前所未有的速度延伸到人们生活的各个方面。网络购物、快递外卖、远程学习和网络生活也越来越丰富多彩。由此带来的用户终端和数据的安全问题也变得尤为重要。为了保障在互联网上通信信息的安全,数字证书技术可以提供一定的安全保障。

7.3 信息安全建设应用实例

本节选取国家图书馆、安徽省图书馆、安庆市图书馆在信息安全建设方面的实践作为案例,介绍国家级、省级、市级等不同级别图书馆在信息安全制度、技术防护等方面的具体措施,可为各级同类图书馆提供参考。

7.3.1 国家图书馆信息安全建设实例

1. 国家图书馆网络信息安全体系现状

2009 年,国家图书馆初步建成了网络信息安全体系,该体系包括管理防护和技术防护两个方面。数字图书馆的发展为读者带来了无限的便利,但同时也增加了图书馆在网络安全上的隐患。大量业务系统需要对互联网提供服务,然而开发 Web 应用时存在的缺陷和系统级漏洞,也会成为互联网黑客入侵数字图书馆的途径,对图书馆的数据安全造成极大威胁。因此在管理方面,成立国家图书馆网络安全及信息化领导小组,开展网络信息制度建设,每年定期实施信息安全大检查,逐步完善国家图书馆的信息安全等级保护工作等;在技术方面,将防护体系划分为互联网边界防护、数据中心防护及终端防护等区域,通过购置设备、制定安全策略等不同技术手段加强各个区域的网络信息安全。

2. 国家图书馆网络信息安全管理防护

在多年的工作实践中,国家图书馆通过不断地摸索、积累、创新,形成了一系列网络信息安全防护的制度、流程和预案,为行业内的网络信息安全起到了示范作用,对各地各级公共图书馆的网络安全防护起到了推进作用。

(1) 建立国家图书馆网络安全及信息化领导小组。2014 年 6 月,国家图书馆成立了网络安全和信息化领导小组,由馆领导任组长,并设立网络安全和信息化办公室。

(2) 制度建设。国家图书馆正式下发的网络信息安全制度、规范及流程共计 5 个,涵盖网络接入、IT 资产、机房管理等多方面,对规范网络安全使用、约束上网行为起到了一定作用。

(3) 信息安全承诺书。在制度建设的同时,为进一步增强国家图书馆员工的信息安全风险意识,要求各部门从落实相关条例规定,建立安全管理制度,管好办公和读者用机,做好部门信息系统安全工作,做好外包公司人员使用计算机网络安全工作,保证本部门不出现制作、复制、发布、传播各类非法有害信息现象,落实"谁主管谁负责、谁运行谁负责、谁使用谁负责"的信息安全管理原则。

(4) 信息安全等级保护。国家图书馆从 2013 年开始进行重要信息系统的信息安全等级保护测评工作,截至 2017 年,共有 4 个业务系统定为二级系统,并报文化部信息中心及北京市公安局备案。根据国家信息安全等级保护制度规定以及安全加固建议,国家图书馆陆续对网络安全设备、重要信息系统进行了安全加固。

(5) 全馆信息安全大检查。每年对服务器、员工工作用机、读者用机、网站、论坛、驻馆公司等进行一次安全大检查。检查的主要内容为:计算机防病毒软件安装使用情况、计算机桌面管理软件安装使用情况、IP 地址使用情况、密码使用情况、重要业务数据备份情况、网络接入情况、网站及论坛运行情况、应用系统安全措施、驻馆公司网络使用情况等。每季度对各部门的系统进行漏洞扫描，对存在的问题要求及时整改并以书面形式反馈。定期对各部门的 IP、OA、VPN、邮箱等非物质 IT 资产进行管理与审查，对相关情况进行通报通告。

（6）重要时期 24 小时值班。除落实周末、节假日值班外，在重大节日、"两会"等敏感时期，组织技术力量实施 24 小时值班制度，不值班人员保持 24 小时电话畅通，以确保一旦发生紧急事件，都能及时联系到相关负责人。并且做到节假日前修订网络信息安全应急预案，提高突发事件应对能力，最大限度降低突发事件带来的危害。

（7）应急预案。针对网络信息安全可能出现的各种情况，为了能够迅速准确定位问题，规范解决方法、流程，减少因突发事件带来的影响，信息技术部针对所负责的软硬件、系统、数据、线路等可能发生的安全问题进行梳理，从现象表现，到原因分析，再到处理方法，形成预案，并及时更新完善，以备不时之需。

3. 国家图书馆网络信息安全技术防护

国家图书馆的网络信息安全防护区域分为互联网边界防护区以及内网防护区两部分，其中内网防护区又可以根据业务情况、重要程度划分为数据中心防护区和终端防护区，进行信息安全技术防护体系建设，如图 7.1 所示。

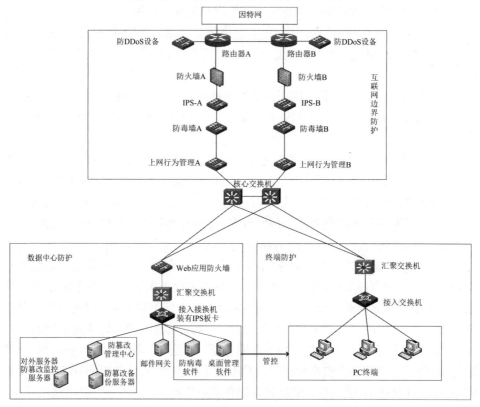

图 7.1　国家图书馆网络拓扑图

1) 互联网边界防护

在互联网边界区域内,通常应部署包括防火墙、入侵防御系统(IPS)、防DDoS设备、防毒墙在内的多台边界网络安全防护设备。

防火墙是最基本的网络安全设备,通过防火墙可实现动态/静态地址转换,根据相关业务需求及安全策略进行双向访问控制、地址转换等。国家图书馆对防火墙安全策略实行严格的管控,策略的开放需上报方可进行。

IPS用于阻断来自互联网的攻击事件,包括蠕虫、特洛伊木马、病毒、间谍软件等恶意程序,并实时阻断SQL注入等各类应用层攻击。防毒墙是对防火墙功能的重要补充,工作在OSI的第七层,用于监控协议通信中所带文件是否含有特定的病毒特征。

图书馆内网同时对工作人员和读者开放,因此需要加强对用户的上网行为控制与审计。国家图书馆的上网行为管理设备部署于骨干网及多个分支网络,主要进行上网行为的记录。

2) 数据中心防护

数据中心是数字图书馆发展所依托的重要基础设施,随着近几年数字图书馆的快速发展,对数据中心的防护重要性也提升到了新的高度。国家图书馆为数据中心配备了Web应用防火墙(WAF)、系统级/应用级漏洞扫描设备、防垃圾邮件防火墙、网页防篡改系统等多台网络安全设备。

WAF配置在对外应用服务的前端,提供了基于应用交互的动态防护和基于安全规则的静态防护,无论是内网还是外网的数据流,只要与应用服务交互,都需经过WAF,实现了对HTTP/HTTPS双向流量的监控、检测和保护,从而降低了Web站点的安全风险。WAF的部署可防护过度消耗应用资源的带宽及资源耗尽型拒绝服务攻击,对泛洪攻击行为能够有效识别并实时进行阻断,确保对外应用服务的可用性及稳定性。一般在WAF使用过程中,应逐步对策略进行完善和优化,在配置前期可以松一点,随着在线使用时间的推移,逐步加大策略的松紧度以达到适合自身网络的最优配置。WAF应经过至少2个星期的规则学习,在配置策略稳定后可加强对Web应用的安全防护等级。

国家图书馆配置有系统级漏扫设备和Web应用漏扫设备各1台,每年四次对全馆的服务器进行系统级漏洞扫描,对重要Web网站进行应用级漏洞扫描,在重要时期还会加强对系统的漏洞检测。选择功能成熟、报告信息全面的漏扫设备,可提供专业、有效的安全分析和修补建议,帮助信息安全管理人员发现安全问题并及时解决。

采用邮件网关(防垃圾邮件防火墙)阻断垃圾邮件,是邮件系统的特殊之处。对于提供公网服务的网站,采用专门的网页防篡改系统进行应用防护。系统主要通过文件底层驱动技术对Web站点目录提供全方位的保护,防止病毒、黑客等对目录中的页面、电子文档、数据库、图片等重要文件进行非法篡改、破坏和替换。系统一旦发现更改行为便立刻阻断非法操作，拒绝修改网页文件，并实时告警。同时，在系统发现文件非法篡改现象时会自动进行文件恢复，保证网页内容不被篡改。

3）终端防护

国家图书馆部署有桌面管理软件，对终端计算机网络准入、移动存储介质的使用进行统一管理，可有效保证图书馆重要数据不外泄。统一购置了专业的防病毒软件，实现病毒库通过馆内的管理端统一进行升级，考虑到图书馆存在部分配置较低的终端，通过与厂商的沟通，拆分安装模块定制较小的安装包，基本实现了全馆Windows系统终端、服务器均安装有防病毒软件。同时加强终端计算机的管理，Windows系统的服务器只有在安装防病毒软件后才允许入网。

图书馆的无线网络同样有大量的读者使用，加强对无线终端设备的管理也是一项必不可少的防护工作。除了通过上网行为管理系统进行读者行为监控，还可以通过定期清扫全馆非法AP，杜绝网络带宽被非法占用、网络数据信息被盗取等安全事件的发生。

4）外部接入管理

采用VPN远程接入设备，安全、便捷、高效地实现对图书馆内网信息系统的安全访问，满足了出差员工与国家图书馆合作公司的人员能够及时地通过终端采取远程接入方式获取所需的重要信息或调试系统的需求。它已成为该馆技术部门或与之相关部门提升IT效率的工作平台。VPN的账号需要进行严格管控，只有签订了安全责任书，经过使用部门、管理部门同意的员工或公司方可申请账号，同时对账号进行了严格的访问控制，只允许访问特定IP，防止出现一号多用的现象。

7.3.2　安徽省图书馆信息安全建设实例

安徽省图书馆自2006年以来，逐步建立并不断完善管理制度与技术规范、网络安全产品与技术手段、安全运行及应急预案三方面保障，至今初步建成了本馆的网络与信息安全保障体系。

1. 加强领导，完善管理制度与技术规范建设

2006年2月，安徽省图书馆成立了网络与信息安全保护小组，由分管安全的馆领导任小组组长。为切实加强本馆网络与信息安全保护工作，进一步落实信息安全责任，2016年7月馆务会研究决定调整网络与信息安全保护小组成员，增加各部门负责人作为网络与信息安全保护小组成员，明确责任，确保网络与信息安全工作顺利实施。

作为网络与信息安全保护的重点单位，依照国家相关法规，安徽省图书馆严格履行相关职责，在信息系统建设中注重网络安全建设，并逐步加以完善。制定了《安徽省图书馆Interlib系统管理规定》《网络机房管理规定》《网络与信息安全员工作制度》《网络与信息安全员岗位工作规范》《安徽省图书馆网站管理制度》《网络与信息安全突发事件处置预案及相关制度(修订)》《安徽省图书馆计算机及外部设备使用管理规定(修订)》《安徽省图书馆公共电子阅览室读者须知》《安徽省图书馆公共电子阅览室青少年上网规则》,并制定网络与信息安全突发事件报告表、网络与信息安全突发事件处理结果报告表。

在人员管理方面,为落实岗位信息安全和保密责任制,与相关人员签订重要岗位人员保密协定,制定离职人员移交清单。在网络安全责任追究制度方面规定:"凡因违规操作导致发生安全事故或影响网络系统正常运行的,将立即中断网络连接,并严肃追究相关责任人,视情节给予通报批评或警告,严重的取消其评先评优资格。"

2. 注重防护,部署系列网络安全产品及提升技术防护手段

根据本馆实际情况,有针对性地采取了相应的防范措施。目前主要通过防火墙、上网行为管理网关、Web应用防火墙、入侵检测系统和防病毒软件等软硬件设备保障本馆的网络安全。网络拓扑中专门划定了DMZ区,主要用来放置网站服务器及为读者提供电子资源访问的服务器,以隔离其他馆内应用和业务内网。Web防火墙主要为图书馆重要网站服务器提供安全保障。上网行为管理网关提供上网认证、策略控制及日志记录等功能。防病毒软件采用了360企业版,针对DMZ区服务器和局域网终端计算机提供统一防护。

采用对IT信息系统逐步实施虚拟化整合,完善云计算基础设施的方式进行数据中心建设,利用虚拟化系统的HA高可用性、快照及虚拟化系统备份工具对重要虚拟机实施保护,自动定时备份系统和数据;对关键系统数据库服务器除上述措施外,还采用存储设备同步复制(镜像)的方式提高系统的可用性。

网络安全员定期检测安全设备及软件,包括防火墙、防病毒软件、上网行为管理、WAF和网页防篡改系统等。在日常维护中,要按要求做好安全设备策略、规则的备份工作。

每年结合公安机关对本馆进行网络信息安全检查的机会,参照重要信息系统安全管理工作评估表的检查内容逐项进行自查,对信息安全的管理工作、网络安全设备及服务器的配置规则、策略、数据安全等方面进行检查,并对查找出的问题进行相应的整改。公安机关对本馆进行的网络信息安全监督检查及通过远程技术检测和渗透性测试中发现的问题,网络与信息安全保护小组都认真对待并制定整改方案,克服条件限制,采取防范措施,保证系统安全正常运行。

3. 确保安全,做好等级保护工作及应急预案演练

按照重要信息系统安全等级保护定级工作的具体要求,安徽省图书馆进行等级保护定级工作,工作内容包括组织开展对信息系统的摸底调查,并按照《信息系统安全等级保护定级指南》的要求,确定定级对象和安全保护等级并报公安机关备案。截至2017年,安徽省图书馆等级保护定级备案数量为1个二级系统和2个三级系统。

为科学应对网络与信息安全突发事件,建立健全信息安全应急响应机制,有效预防、及时控制和最大限度地消除各类突发事件的危害和影响,安徽省图书馆还制定了《网络与信息安全应急预案》,全馆的网络与信息安全突发事件处置工作由网络与信息安全保护小组统一领导和协调,并督促相关部门按照"统一领导、综合协调、各负其责"的原则协同配合和具体实施,完善应急工作体系和机制。在安全预案演练方面,针对关键系统数据库服务器进行存储池之间的切换,即数据卷与镜像卷的切换应急演练,通过应急演练熟悉处置流程,提高应急处置水平,并验证数据卷的高可用性。

7.3.3 安庆市图书馆信息安全建设实例

1. 安庆市图书馆信息网络体系现状

安庆市图书馆信息网络系统建于 2000 年,后经过 2004 年、2013 年和 2016 年三次改建升级。目前内部采用星型网络拓扑结构为主的连接方式,互联网接入速率为 300 M(中国联通、中国电信光纤接入),无线 WiFi 馆内全覆盖。局域网与安庆市数字公共文化服务平台融合对接,与安徽省馆、市内三区分馆和少儿馆实现 VPN 连接。现拥有高中端服务器 14 台、交换机 12 台、磁盘阵列 3 套、存储空间 156 TB、VPN 及防火墙设备 6 台、IPS 2 台、可用的 PC 终端 160 台。主要应用软件平台有图书馆总分馆业务自动化集群管理系统 Interlib(含 OPAC 联合查询)、数字图书馆推广工程网络书香平台、文化共享工程安庆分站、安庆市数字公共文化服务平台、公共电子阅览室管理系统、数字资源馆外远程访问系统、服务大数据智慧墙展示系统等。建有"安庆市图书馆""安庆市科技创新与产学研服务平台""书香安庆——安庆市全民阅读网"网站。

2. 信息网络安全管理保障措施

网络化、数字化的进步发展为读者带来了前所未有的便利,同时也增加了图书馆网络安全的隐患与风险。因此,该馆高度重视信息网络安全管理工作,把加强制度建设与人防、技防、物防相结合,采取全面立体防护措施,保障信息网络的安全。

(1) 加强信息网络安全管理的组织领导。安庆市图书馆成立了信息网络安全管理工作小组,由馆长任组长,分管馆领导担任小组常务副组长负责日常信息网络安全监管。信息网络部作为信息保护的主要责任部门,协调各部门开展工作,并明确其他涉网各部门各岗位责任,确保全馆网络与信息安全管理工作制度和措施得以顺利实施。

(2) 建立健全网络管理规章制度。依照国家相关法规,严格履行相关职责,逐步完善信息系统建设中的各种网络安全制度。制定了《安庆市图书馆网络安全管理制度》《安庆市图书馆数字图书馆人员管理制度》《安庆市图书馆数据安全管理制度》《计算机软件维护与数据备份管理规定》《安庆市图书馆数字网络和信息设备维护使用制度》《安庆市图书馆公共电子阅览室管理制度》《安庆市图书馆少儿分馆上网规则》等规章制度。强化防火、防灾、防盗等公共安全应急救援机制,应对各种突发事件,制定了《图书馆安全消防管理制度》《安庆市图书馆突发事件应急预案》《安庆市图书馆安全生产责任书》等相关制度。

(3) 实行人防。平时由网络部每天安排人员对网络设备及使用情况进行巡检,在节假日、重大活动期间,安排专人值班,非值班人员保持24小时电话畅通,确保一旦发生紧急事件及时联系。与相关设备提供商、数据服务商签订相应的服务协议,建立电话、网络等热线联系,随时保证能够得到专业技术人员的支持。

(4) 实现技防。技术环节上,通过防火墙设备、IPS、上网行为管理设备、防病毒软件等软硬件设备保障该馆的网络安全。通过图书馆网络的计算机流入流出的所有数据流均要经过防火墙。对所有经过防火墙的网络通信进行检测和扫描,过滤掉攻击行为和危险链接,以免其在目标计算机上被执行。通过防火墙的网络安全保护作用,实现动态/静态地址转换,根据相关业务需求及安全策略进行双向访问控制、地址转换等。对防火墙安全策略实行严格的管控,来保证网络安全及正常的业务工作。同时在馆内局域网内部部署了多层次安全防线:一是全面部署杀毒软件。首先在客户端安装正版网络杀毒软件;各种应用服务器端安装服务器版杀毒软件,确保截断病毒传播、寄生的每一个节点,实现对病毒的全面防范。部署一台杀毒软件服务器,保证整个防毒产品可以从服务器端及时更新病毒库,同时又能使管理员可以在任何时间、任何地点通过浏览器对整个防毒系统进行管理和操作,使整个局域网系统中任何一个节点都可以得到有效管控,保证整个防毒系统有效、及时地拦截病毒。二是定期巡检维护。每天专人巡查机房和读者服务部门计算机网络设备,并记录工作日志。每年定期对全馆的各信息设备进行全面检查,包括服务器、员工工作用机、读者用机、网站等。检查的主要内容为计算机防病毒软件安装使用情况、IP地址使用情况、密码使用情况、重要业务数据备份情况、网络接入情况、网站运行情况等。每月对电子阅览室进行一次系统的维护,主要内容是病毒的查杀,电脑缓存垃圾的清理,计算机桌面管理软件安装使用情况的检查等。三是做好重要数据的备份。将保存有读者信息、书目数据、流通数据的图书馆业务自动化集群管理系统Interlib服务器(含OPAC)列为一级保护,采取本地双机实时热备份措施,同时每天定时自动备份,还安排网络部值班人员定时人工备份数据,远程发送到异地保存。对数字资源采取虚拟化存储技术备份到大容量阵列存储器。

(5) 开展物防。为提升机房防盗、防火级别,该馆中心机房安装自动报警系统,与110实现24小时实时联动;安装有烟感火灾报警器,机房温控提示系统与管理员手机连接;在机房、电子阅览室安装视频监控系统,与网络管理员手机连接;放置电器专用灭火器,以确保设备和数据的安全。

7.3.4 安徽省图书馆紧急应对"勒索"病毒实例

北京时间2017年5月12日20时左右,"勒索"软件感染事件在全球大规模暴发,我国境内有大量企业和单位的内网被感染,教育网受损最为严重,攻击行为造成了教育教学系统的瘫痪,甚至包括校园一卡通系统。这是一种"蠕虫式"的"勒索"病毒软件,该恶意软件会实时扫描电脑上的TCP 445端口,并以类似于"蠕虫"病毒的方式进行传播,攻击主机并加密主机上存储的文件,使得原有文件打开失效或无法解密,然后要求受害者以比特币的形式支付解密赎金。勒索金额为几百美元至几千美元不等。

病毒暴发适逢周末,从网络安全管理员到技术部主任、分管馆长,紧急联动起来,齐心协力应对"勒索"病毒,做好本馆的内外网防护工作,具体应对措施如下:

网络安全管理员周末第一时间来馆,紧急查找对应预防措施,排查存在安全隐患端口并在防火墙上截断外网对威胁端口的访问,同时升级防火墙病毒库及入侵防御特征库,提高防火墙防御能力。

(1) 关闭445、135、137、138、139威胁端口,如图7.2所示。

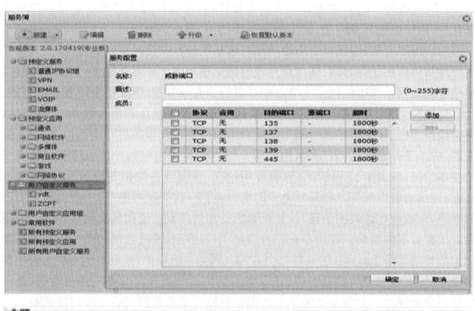

图 7.2 关闭威胁端口

(2) 升级病毒库,如图7.3所示。

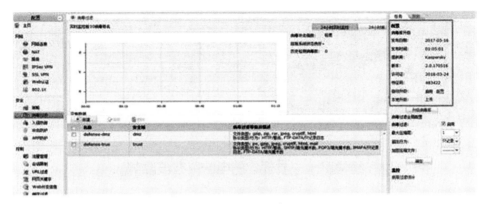

图 7.3 升级病毒库

（3）升级入侵防御特征库，如图 7.4 所示。

图 7.4 升级入侵防御特征库

（4）通过 OA 内部办公系统告知馆员应急措施。

① 馆领导紧急部署，通过 OA 内部办公系统、手机短信等方式及时通知馆员，提高安全防范意识。

② 5 月 15 日上班后，网络安全分管副主任立即安排两个小分队分头进行馆内联网设备的安全防护工作：第一分队负责扫描服务器，并及时打好补丁，同时确保应用正常运行；第二分队负责扫描馆内工作电脑漏洞以及打补丁。

（5）安装 NSA 武器库免疫工具。检测漏洞，及时修复漏洞，打补丁，如图 7.5 所示。

（6）将 360 安全卫士切换为企业版。进行电脑体检、木马查杀及系统漏洞修复，如图 7.6 所示。

至此，"勒索"病毒软件传播速度比此前预计的有所放缓，不过依旧不能放松警惕，"勒索"病毒软件威胁仍然存在，网络安全管理员随时关注病毒的进化情况及采取相应的最新防护手段。

图 7.5　检测漏洞

图 7.6　360 安全卫士切换为企业版

7.3.5 安徽省级 Web 应用安全实例

随着互联网的普及和迅速发展,人们也越来越关注 Web 应用软件的安全防护。Web 应用软件的安全防护措施主要体现在两个层面上,一是软件层面,当 Web 应用部署完成后通过专业工具进行安全性检测和测试,以保证其安全性和可靠性;二是硬件层面,针对软件层面无法防护的网络攻击,如 DDOS 等攻击,通过增添网络安全设备,部署防护策略,实现网络安全加固。

Web 应用软件在部署试运行后,必然要对公网开放并提供服务,从软件开发者的角度来看,服务提供者无法对用户群体提出限制或过高的要求,而安全性问题却往往是因为用户的无效、非法、恶意输入操作所引起的。安徽省图书馆网站系统作为图书馆主要 Web 应用之一,通过专业的网络安全检测软件对其自查漏洞,发现安徽省图书馆网站主要存在以下两类漏洞:盲注漏洞和跨站脚本攻击漏洞。

针对以上发现的情况,安徽省图书馆主要采取以下措施解决跨站脚本攻击和 SQL 注入漏洞。

(1) 安徽省图书馆自查网站数据库服务器和应用服务器在防火墙中开放的端口情况,关闭网站应用服务外网访问端口。

(2) 通过语义转换算法解决 SQL 注入安全漏洞,通过代码修改关闭外网 login 页面访问功能,填补错误信息跨站和用户安全登录漏洞。具体修改网站漏洞页面代码如下:

① 盲注漏洞(字符或 Like)。

http://www.ahlib.com/search.jsp

原处理方式:jsp 中的业务处理逻辑中 SQL 语句存在页面表单中数据条件和 SQL 语句用字符串直接拼接的情况,恶意特殊字符攻击会导致 SQL 注入攻击。

原代码:

—执行语句拼接

ps_SQLCmd="select count(*) from article a where a. sitegroupid="+pi_webid+ps_SQLAdd+" and a. title like '%" + ps_keyword + "%' or a. author like '%" + ps_keyword + "%' order by a. AddTime desc";

—执行语句

rs=stmt. executeQuery(ps_SQLCmd);

修改后方式:修正 jdbc 中处理 SQL 对象由 statement 改为 preparedstatement,所有页面过来的数据参数均以占位符方式处理,采用预编译的方式防止 SQL 注入。

修改后代码:

—执行语句拼接

```
ps_SQLCmd="select count(*) from article a where a.sitegroupid="+pi_
webid+ps_SQLAdd+" and a.title like ? or a.author like ? order by a.AddTime
desc";
    stmt =conn.prepareStatement(ps_SQLCmd);
```
—参数设值
```
stmt.setString(1,"%'"+ps_keyword+"'%");
stmt.setString(2,"%'"+ps_keyword+"'%");
```
—语句执行
```
rs = stmt.executeQuery()。
```
② 错误信息跨站。

http://www.ahlib.com/login.html?CurrentURL=%2Fclass.jsp%40webcode%7Eindex%5Eid%7E1032%5Epage%7E1

原处理方式：界面或 URL 传参以<script>confirm(201308151610)</script>脚本方式字符会导致脚本注入攻击。

修改后方式：网站架构上进行调整,login.html 页面在业务上仅内网管理用户使用,无需对外网开放,将外网的访问途径屏蔽不可见,仅能支撑内网管理用户访问。

同时对表单或 URL 中的参数中含 html 元素的特殊做转义处理,处理逻辑为：
—页面中表单元素的传参获取
```
CurrentURL = request.getParameter("CurrentURL").trim();
```
—对参数做字符转义处理
```
        if (CurrentURL ! =null && ! CurrentURL.trim().equals("")){
            StringBuilder encodeStrBuilder = new StringBuilder();
            for (i = 0;i < CurrentURL.length();i++) {
                String str = "";
                switch(CurrentURL.charAt(i)) {
                    case '&':
                        str = "&amp;";
                        break;
                    case '<':
                        str = "&lt;";
                        break;
                    case '>':
                        str = "&gt;";
                        break;
                    case '"':
```

```
                    str = "&quot;";
                    break;
                case ' ':
                    str = " ";
                    break;
                default:
                    str = String.valueOf(CurrentURL.charAt(i));
            }
            encodeStrBuilder.append(str);
        }
        CurrentURL = encodeStrBuilder.toString();
```

③ 跨站脚本攻击漏洞(编码)。

http://www.ahlib.com/login.html? CurrentURL=%2Fclass.jsp%40webcode%7Eindex%5Eid%7E1032%5Epage%7E1

原处理方式:界面或 URL 传参以 <a href="URL"></a> 脚本方式字符会导致脚本注入攻击。

修改后方式:网站架构上进行调整,login.html 页面在业务上仅内网管理用户使用,无需对外网开放,将外网的访问途径屏蔽不可见,仅能支撑内网管理用户访问。

同时对表单或 URL 中的参数中含 html 元素的特殊做转义处理,处理逻辑为:

—页面中表单元素的传参获取

```
CurrentURL = request.getParameter("CurrentURL").trim();
```

—对参数做字符转义处理

```
        if(CurrentURL!=null && !CurrentURL.trim().equals("")){
            StringBuilder encodeStrBuilder = new StringBuilder();
            for(i = 0;i < CurrentURL.length();i++){
                String str = "";
                switch(CurrentURL.charAt(i)){
                    case '&':
                        str = "&amp;";
                        break;
                    case '<':
                        str = "&lt;";
                        break;
                    case '>':
                        str = "&gt;";
```

```
                break;
            case '"':
                str = "&quot;";
                break;
            case ' ':
                str = " ";
                break;
            default:
                str = String.valueOf(CurrentURL.charAt(i));
        }
        encodeStrBuilder.append(str);
    }
    CurrentURL = encodeStrBuilder.toString();
```

④ 用户登录安全问题。

http://www.ahlib.com/login.jsp

原处理方式:在外网环境下也可以打开此页面;

修改后方式:分割部署展现页面和登录页面,使得 login.jsp 页面只能在内网环境下登录,这样就加强了安全性。

(3) 网络安全加固。针对 Web 应用进行安全加固,在原网络拓扑结构的基础上增加一台 WAF 应用防火墙设备。采用串联部署方式,直接二层透明模式串联在网络中,WAF 上建立两个工作组,通过每个工作组的 WAN 口和 LAN 口分别与上下行链路互联,设备的两个工作组之间物理隔离,实现对攻击数据包的阻断和 SQL 注入防护功能。

附　　录

附录1　《安徽省图书馆网络服务控制程序》

1. 目的

为了确保安徽省图书馆计算机网络、应用系统正常工作,切实保障相关部门和读者的计算机网络运行服务和数据安全,结合本馆实际制定本程序。

2. 范围

适用于本馆局域网内各部门的计算机、数据管理系统、网络以及网络周边设备的建立、应用及维护。

3. 职责

3.1 网络技术部是全馆计算机网络安全的管理部门,对本馆计算机网络建设和安全管理提供决策参考意见,负责落实安全技术防范措施,承担对本馆内部计算机网络的日常监控、检查和安全管理等工作,负责本馆计算机网络设备的选型、保存、维护和数据存储,对网络用户进行网络安全知识和技能的培训。

3.2 各部门是计算机网络安全的基层管理部门,主要职责是申报本部门的网络需求。负责本部门计算机用户的安全教育和日常监督检查。

3.3 馆域网各个节点上的计算机使用者是网络用户,须严格按照计算机网络安全管理规定使用计算机网络设备。

4. 程序

4.1 网络安全管理

4.1.1 网络技术部负责全馆局域网网络拓扑结构建立,网络设备布置,服务器、路由器配置和网络参数设置,定期备份各网络设备配置参数。

4.1.2 网络技术部网络管理员对本馆局域网功能和安全规则进行设置时须严格遵守《安徽省图书馆网络管理制度》《安徽省图书馆各部门开通网络工作流程》和《机房管理制度》。

4.1.3 网络管理员每日9:00开始对网络及接入网络安全设备的工作状态进行巡检,并做好记录。

4.1.4 部门负责人每周抽查机房维护表的记录情况,每月进行一次日志总检查,及时梳理存在问题的因素及解决措施,下达月度的工作计划。

4.2 计算机安全管理

4.2.1 服务器及存储设备管理

网络技术部对本馆的每台服务器实施专人管理,管理用户名和口令都须保密。

系统管理人员每日 9:00 开始进行巡检,巡检内容见《机房管理制度》。

系统管理人员负责服务器、存储等硬件设施、软件系统的日常维护工作,并做好系列《网络技术部服务器维护表》。

系统管理人员应合理配置操作系统、数据库管理系统的安全审计功能,达到相应安全等级标准。

部门负责人每月一次检查维护表的记录情况,每月进行一次日志总检查,发现问题须及时梳理问题的因素及解决措施,下达下月的工作计划。

4.2.2 各部门工作用机管理

各部门须重视计算机安全问题,每个网络用户应关注自己工作计算机的运行情况,发现异常现象应立即与网络技术部联系。

每台计算机须安装杀毒软件,发现计算机感染病毒,未能被杀毒软件查杀的,应立刻通知网络技术部另行处理。

Interlib 系统业务网段的用户禁止使用存储介质,若工作特殊需要,须书面上报主管领导审批同意后方可操作,并严格遵守《安徽省图书馆网络管理制度》。

各部门须严格遵守安徽省图书馆网络管理制度。

网络技术部值班人员每日应对各相关部门公共计算机设施(检索机、触摸屏设备、公共电子阅览用机、24 小时还书机等)进行巡检,发现问题须及时记录并上报,并对发现的问题进行及时处理。

4.3 数据系统的安全管理

4.3.1 系统管理员定期对全馆重要的业务系统数据进行维护和备份,重要业务数据每年至少进行一次恢复性测试,以防发生故障时进行有效恢复。

4.3.2 网络技术部对各数据库应用系统须指定专人管理,管理用户名和口令,且均须保密。

4.3.3 系统管理员每日 9:00 开始检查重要计算机业务系统的备份情况,并做好《应用系统维护日志》《应用系统备份日志》的记录工作。

4.3.4 系统管理人员每日检测数据库运行状况,并做好检测记录。

4.3.5 系统管理人员严格遵守《安徽省图书馆网络管理制度》《机房管理制度》。

4.3.6 网络管理员负责重要网络通信硬件设施的维护,定期(每季度)备份网管应用软件设施及网络设备配置参数,以备发生故障时进行有效恢复。

4.4 信息上网管理

4.4.1 网络技术部指定专人对本馆网站进行维护、页面程序的简单开发和修改。

4.4.2 网站管理员每天 9:00 开始检测一次网站,做好《网站运行状况维护表》的记录工作,发现问题及时解决。

4.4.3 网上内容发布须遵守《安徽省图书馆网站管理制度》《机房管理制度》《安徽省图书馆网站信息发布工作流程》,一经发现各种有害、涉密信息时不得传播扩散,应及时报告馆领导和公安机关处理。

4.5 数字资源上网管理

4.5.1 自建数字资源上网管理。

资源加工部门自建数字资源时,须按照相应的标准规范进行数字资源整理和著录。

网络技术部系统管理员负责数字资源系统后台的维护,协助完成数据库的建立及页面的制作,发布系统经过数据库经核对和检测,且发布系统经第三方安全机构检测后无中高危险漏洞后方可上网发布。

4.5.2 外购数据在局域网上管理。

网络技术部须对采购数字资源的通用性、使用的便捷性、数据接口及数据备份等问题提出具体的要求和建议。

网络技术部负责配合数字资源提供商对外购数字资源安装、部署和调试。

4.6 口令密码安全管理

4.6.1 网络技术部负责全馆网络专管设备、各应用系统及对应服务器的超级用户口令密码的管理工作,口令密码必须 12 位以上数字字母字符组合,严格遵守《安徽省图书馆网络管理制度》《机房管理制度》。

4.6.2 系统管理员和各系统客户端操作人员,须遵守《安徽省图书馆自动化管理系统各岗位工作人员工作权限分配暂行规定》,用户名由系统管理员建立,操作密码由使用者自己保管、独立使用,禁止使用他人密码。

4.7 公共计算机设备维护及保养

4.7.1 网络技术部负责全馆各部门的计算机硬件设施、软件系统和网络设备的日常维护工作。

4.7.2 计算机或系统运行出现故障时,须按《安徽省图书馆计算机、网络故障报修工作流程》及时报修,填写馆 OA 系统中的《网络技术部维护服务表》,由网络技术部维护人员负责到现场检查、处理故障。

4.7.3 计算机维护人员收到《网络技术部维护服务表》后响应时间为 5~30 分钟到现场,一般故障及时处理,1 个工作日完成。特殊故障 3 个工作日完成或及时上报维保商安排解决。

4.7.4 计算机维护前,各部门计算机使用人员须对原有信息进行备份,维护结束后,计算机维护人员须及时在 OA 系统中登记填写《网络技术部维护服务表》,记录故障原因及解决措施等。

4.7.5 更换、处置计算机网络设备及其相关部件时,应严格执行安徽省图书馆计算机设备管理办法。

4.8 机房运行安全管理

4.8.1 网络技术部应建立、健全机房安全管理制度,各工作人员须严格贯彻执行

《机房管理制度》,做好日常的防火、防水、防鼠、防雷等工作。

4.8.2 网络技术部每日安排专人负责值班,值班时间为 8:00—18:30(夏季),8:00—18:00(冬季),主要负责以下内容:

每日上午 8:10 对机房进行巡检,内容包括《机房管理制度》中的机房日常管理内容。

每日下午 18:00 对机房进行巡查,认真检查办公场所、机房的门窗水电是否正常关闭。

负责接听各部门报修电话并作记录。

负责部门公共区域的卫生管理。

每日上午 8:30 对全馆公共区域的读者检索用机、电子政务机、自助借还设备、移动阅读设施、读者电子阅览用机、24 小时还书机巡检,记录公共计算机设施工作状况。

其他工作人员中午下班期间暂时代替值班人员进行技术维护工作时,如遇问题无法解决,须立即报告部门负责人协调解决。

值班人员根据巡检情况,如实填写《网络技术部综治安全日志表》。如发现隐患或故障,应参照应急处理措施进行操作。

4.8.3 机房发生重大事故或案件,应及时上报馆领导并通知设备维护单位,并妥善保护好现场。

4.9 无线网络使用安全管理

4.9.1 我馆工作人员使用 ahlib-work 无线信号源连接无线网络系统。

4.9.2 打开任意浏览器弹出认证界面后,输入工号密码登录使用(工号由馆人事科统计提交我部门导入系统)。

4.9.3 我馆馆员无线系统账号可同时连接 2 个终端,用户名为工号,首次连接使用打开认证界面,使用初始密码修改认证密码。

4.9.4 各接入无线网络节点用户须严格遵守《安徽省图书馆无线网络管理办法》。

4.10 特殊情况的处理

4.10.1 网络运行发生故障或遇停电时,应参照《安徽省图书馆网络技术部网络安全预案》进行操作。

4.10.2 做好关键应用系统数据备份,备份数据保存地点安全可靠,具有防水火及潮湿、防灰尘及日照、防电磁干扰、防人为破坏及偷盗设施。

4.11 安全责任追究

4.11.1 计算机网络安全事故发生,须查明原因,追究责任。

4.11.2 因个人违规所造成的计算机硬、软件损坏,由责任者个人负责维修费用。

附录2 《安徽省图书馆网络安全应急预案》

为切实做好我馆网络及信息突发事件防范和应急处理工作,提高我馆预防和控制突发事件的能力和水平,减轻或消除突发事件的危害和影响,确保我馆网络与信息安全,结合本馆网络部工作实际,制定本预案。

1. 总则

1.1 本预案所称突发性事件,是指自然因素或者人为活动所引发的危害全馆网络设施及信息安全的各类灾害。

1.2 本预案的指导思想是按照"预防为主,积极处置"的原则,不断完善安徽省图书馆网络及信息安全管理机制,提高突发事件的应急处置能力。

1.3 本预案适用于发生在安徽省图书馆局域网内的突发性应急事件。

1.4 处置原则:集中统一领导、团队密切合作、岗位各负其责、安全措施到位。

2. 组织指挥和职责任务

2.1 成立网络与信息安全应急处置工作小组,办公室设在网络部。

2.2 工作小组负责对全馆的网络信息安全进行统一管理,包括全馆网络信息突发事件的预防、处置并协调解决安全风险、重要现实问题和挑战。

3. 事件分类分级

3.1 事件分类:网络安全突发事件是指自然灾害,事故灾难和人为破坏引起的网站网络与信息系统的损坏。自然灾害是指地震、台风、雷电、火灾、洪水等。事故灾难是指电力中断、网络损坏或者是软件、硬件设备故障等。人为破坏是指人为破坏网络线路、通信设施、黑客攻击、病毒攻击、恐怖袭击等事件。

3.2 网络与信息安全突发公共事件分为三级:Ⅰ级(重大)、Ⅱ级(较大)、Ⅲ级(一般)。Ⅰ级(重大):网站网络与信息系统造成全局性瘫痪,对国家安全、社会秩序、经济建设和公共利益造成严重损害需要跨部门协同处置的突发公共事件。Ⅱ级(较大):某一部分的网站网络与信息系统瘫痪,对国家安全、社会秩序、经济建设和公共利益造成一定损害,但不需要跨部门、跨地区协同处置的突发公共事件。Ⅲ级(一般):网站网络与信息系统受到一定程度的损坏,对公民、法人和其他组织的权益有一定影响,但不危害国家安全、社会秩序、经济建设和公共利益的突发公共事件。

4. 处置措施和处置程序

4.1 处置措施

处置措施区分为两种情况:灾前预防和灾害管控。

4.1.1 灾前预防就是图书馆网络与信息安全应急处置工作小组及网络技术部提前梳理各类灾害风险类型及可能发生的方式和时间,由此建立起灾害预警机制,做好灾害处置规划和应急操作程序,完善灾害检测体系和手段以备不时之需。

灾前预防还要求加强重点领域和重要部件巡查:除采取人员定期或不定期巡查手段外,要重点发挥专业灾害检测手段的运用,如视频智能监控系统及信息系统智能监测和报警系统的运用,做到二十四小时不间断监测和防控,争取将灾害消灭在发生的初期。

建立灾情速报制度,保障突发性灾害紧急信息报送渠道畅通以方便救灾决策。属于Ⅰ级灾害的,在向工作领导小组报告的同时,还应向市公安局计算机信息安全监察处报告。

4.1.2 灾害管控就是在灾害发生后,立即根据灾害级别启动相应的应急预案,采取应急预案规定的灾害处置程序进行灾害处置,在灾害处置全过程中,应及时向工作小组报告处置工作进展情况,了解和沟通工作安排。

4.2 处置程序

4.2.1 发现情况。

网络技术部要严格落实值班制度要求,做好图书馆局域网内各类信息系统的日常巡检工作,妥善保存和利用好相应系统的操作日志,争取第一时间发现系统隐患避免灾害发生或将灾害的损失降到最低。

4.2.2 启动预案。

在灾害发生第一时间启动相应应急预案,按照预案规定的应急处置程序进行灾害处置。

4.2.3 处置措施。

(1) 网站、网页等交互类信息系统出现不合法、危害性和泄密信息等意识形态类突发事件应急处置措施。

① 网站、网页由专人负责随时密切监视信息内容,各部门信息发布员发布信息要按照网站相关管理制度严格进行审核。

② 发现各种非法言论及有害、涉密信息等意识形态突发事件时,管理员应立即向本馆网络信息安全负责人及馆领导如实报告事件详情。如果需要立即干预处理的情况下,可以先行采取删除、屏蔽、断网等应急措施并保存好事件痕迹和证据,然后依照工作程序汇报上级。

③ 信息安全主要负责人员收到紧急事件通知后应尽快赶赴现场,了解情况、保存相关记录证据、消除非法事件的不良影响,然后恢复网站网页等信息系统的正常运转。

④ 网站管理员须保存好事件相关操作记录、系统日志和审计记录至事件完全处理后或相关单位要求的保存时间。

⑤ 网站管理员还应该第一时间查清并汇报相关事件非法信息的网络来源,通报相关领导和部门,馆内其他相关部门要在网络安全领导小组的统一领导下,积极参与事件的应急处置工作。

⑥ 网络安全领导小组召开会议,根据此次意识形态突发事件可能造成社会影响的大小采取不同的善后处理措施,如研判事态严重,应保留证据,及时向有关上级机关和公安网警部门报警。

(2) 黑客攻击事件紧急处置措施。

① 网站管理员通过日志检查或入侵检测系统等安全设备发现本馆网站网页信息系统遭遇黑客入侵、网页遭遇非法修改、挂马等行为时,须立即汇报相关负责人员事态情况。

② 网络信息安全负责人须立即组织网络安全部门各岗位对黑客攻击的计算机网络设备进行物理隔离、损失评估和证据保护并尽快赶赴事件现场,同时将事件发生和初步处置情况汇报馆领导小组。

③ 网络管理员负责对产生损失的信息系统进行系统重建和功能恢复工作。

④ 网络管理员配合相关部门进行攻击来源溯源和调查。

⑤ 网络安全领导小组确定相关攻击级别和后果,按照国家相关规定向相关信息安全管理部

门报备事件发生及处置情况。

(3) 病毒事件紧急处置措施。

① 计算机电脑终端一旦感染病毒须立即从馆局域网物理隔离,避免发生局域网传播。

② 对终端电脑的硬盘数据做好备份。

③ 运行网络防病毒软件对包括发生病毒感染的计算机终端在内的局域网内所有计算机终端进行病毒查杀和隔离。

④ 如遇反病毒软件无法清除的电脑病毒,须立即汇报信息安全小组和主要负责人。

⑤ 网络信息安全相关负责人员在接到通报后,应在十五分钟内赶到现场。

⑥ 经技术人员确认无法查杀该病毒后,应作好相关记录,在汇报信息安全领导小组副组长的同时须立即联系相关安全厂商,寻求解决方案。

⑦ 网络信息安全小组评估全部事件情况,如果判断事件特别紧急和重大,须立即向上级主管部门和公安网警部门汇报情况。

⑧ 局域网内如果发生网络服务器或主机系统感染病毒情况,须由安全领导小组批准立即对其他局域网内有网络通信的主机系统进行病毒查杀工作。

(4) 应用系统异常情况紧急处置措施。

① 应用系统使用人员在发现应用系统异常时,须立即报告给相关应用系统或网络系统管理员。

② 系统管理员、网络管理员检查网络及服务器状态,若服务器处于死机状态则重启服务器,非死机状态则重启服务。

③ 排除上一条两种错误,需检查客户端。

④ 如若服务器出现系统错误,则报知网络信息安全领导小组,得到确认后,告知各服务部门停止使用此项服务。

⑤ 系统管理员和网络管理员负责重新装载操作系统和应用系统。

(5) 软件系统遭破坏性攻击的紧急处置措施。

① 软件系统及其业务数据应按照重要程度制定不同等级的本地或异地容灾备份系统,备份时间策略应科学可行,备份数据保存地点须安全可靠。

② 信息系统软件遭遇恶意攻击导致故障时,系统和网络管理员应立即切断系统和网络运行,防止进一步的损失发生。

③ 系统和网络管理员检查故障机器的操作系统和网络安全设备日志等对恶意攻击来源进行排查和溯源并汇报给本馆网络安全小组。

④ 如果恶意攻击导致极为严重的后果,须立即上报主管公安信息安全部门。

⑤ 随后系统和网络管理员应相互配合进行损坏的信息系统软硬件及数据恢复工作。

(6) 数据库安全紧急处置措施。

① 核心业务数据库系统应按双机热备设置,各数据库系统至少须准备两个以上数据备份(含一个异地备份)。

② 在数据库系统安全事件发生、数据库系统服务崩溃不能正常运行时,管理员应及时报告部门负责人。

③ 数据库管理员在对数据库系统软硬件进行紧急维修时,对无法自行解决的故障须立即汇报上级并请求专业售后和维保厂商进行技术支持。

④ 数据库软硬件系统恢复后,数据库管理员须按照实际情况进行备份数据恢复工作,备份

数据来源可依次使用预先保存的第一和第二个备份资源。

⑤ 如第一个备份损坏,导致数据库无法恢复,则须使用第二套数据库备份加以恢复。

⑥ 若两个备份均无法恢复,应立即向有关厂商请求紧急支援。

(7) 局域网中断紧急处置措施。

① 网络管理员在局域网故障产生断网时须紧急摸排故障发生点,查明中断原因是外网链接设备还是内网线路或设备设施故障,并汇报给网络安全领导小组副组长。

② 经安全领导小组同意后,应通告各部门相关原因,并暂缓服务。

③ 局域网内网网络线路损坏造成的故障可通过重新布置或更换损坏线路解决。

④ 外网链接或设备产生的故障须立即联系电信数据业务维护部门解决。

⑤ 当发生内网网络连接设备如交换设备、路由设备及安全管理设备等造成的硬件故障时,应立即联系相关设备厂商维保解决故障。

⑥ 因内网络设备如交换设备、路由设备及安全管理设备配置文件损坏造成的软件故障,须进行备份恢复或重新配置工作,无法自行处置时应立即汇报上级并请求相关厂商进行维保技术支持。

⑦ 设备和内网线路故障以外的单点网络故障须检查终端网络软硬件配置和功能是否正常。

⑧ 如有必要,应向安全领导小组组长汇报。

(8) 核心设备安全紧急处置措施。

① 值班或其他相关人员一经发现核心服务器、存储或网络设备损坏,须立即通知网络和系统管理员进行处置。

② 网络和系统管理员排查故障原因,明确维修方案,对能够自行处理的故障部件或问题进行更换或维修;对不能自行处理的故障部件或问题需要立即联系设备供应商进行售后维护。

③ 对需要一定时间来修复的故障问题,在暂缓提供相应服务时应及时汇报给安全领导小组并告知相关使用部门。

④ 如果不能自行恢复,应立即与设备提供商联系,请求派员前来维修。

⑤ 若设备短时间不能修复,应向安全领导小组领导汇报,并告知各相关部门,暂缓服务。

(9) 火灾处理及人员安全预案。

① 若机房发生火灾,应遵照下列原则:首先确保人员安全。其次确保数据安全、核心设备。最后是保证一般设备安全。具体方法包含:硬盘的拔出与保存、设备的断电与拆卸、搬迁等。

② 人员疏散程序:值班人员须迅速按动消防报警按钮,拨打119火警电话告知火灾发生位置和周围环境情况,现场人员尽可能戴上防毒面具,组织非灭火人员按照预先确定的线路,迅速从机房中撤出。

③ 灭火处置程序:火灾发生时立即切断所有电路电源,然后参与灭火人员佩戴好防毒面具,正确使用泡沫灭火器进行灭火操作或启动自动喷淋系统后立即撤出火灾现场,防止人员损失。

(10) 公共电力(市电)中断处置措施。

① 机房UPS系统为公共电力(市电)意外中断提供了冗余保护,在市电中断时,首先要检查UPS系统断电保护功能是否正常启动。

② 值班人员立即汇报值班领导并联系后勤服务部查明电力中断原因是内部线路故障还是外部线路故障。

③ 配合后勤服务部维修内部故障线路。

④ 配合市电供电部门检查外部故障恢复情况。

若供电局告知需长时间停电,应做如下安排:(a)预计停电2小时以内,由UPS供电。停电前2小时,监控停电时UPS供电状况。检查服务器和存储设备,是否正常工作配合系统管理员做好业务系统数据等相关应用备份。(b)预计停电4~6小时,应做如下处理流程:网络管理员随时观察UPS电源状态,在停电前2小时,配合系统管理员做好业务系统数据等相关应用备份。(c)若4小时不能送电,网络管理员和系统管理员关闭除业务系统以外的所有服务器,存储、网络设备。超过6小时,关闭所有设备。

⑤ 恢复通电时应做如下处理流程:(a)观察UPS电源状态。(b)确定状态正确后,开启网络设备、服务器、存储设备。(c)开启服务器,启动服务器上各项服务(完成约30分钟)。(d)按顺序开启设备及服务(完成约30分钟)。(e)检查服务是否全部启动。(f)测试、网借系统、信用办证和数字资源等应用服务。

(1) 自然灾害应急处置措施。

① 全使用生命周期内关键核心设备须在异地保留一份冗余备件。

② 自然灾害造成设备损坏时经安全领导小组批准,应在24小时内对受损部件进行维修或使用异地备件进行更换。

③ 上级计算机网络与信息安全领导小组接到下级单位的支援申请后,应在24小时内派遣人员携带有关设备赶到现场。

④ 到达现场后,寻找安全可靠的地点,重新构建新的系统和网络,并将相关数据予以恢复。

⑤ 经测试符合要求后,支援小组才能撤离。

(2) 关键人员不在岗的应急处置措施。

① 信息化系统核心岗位实现主岗和从岗相互备份,可随时替换,人员专业素质做到一专多能。

② 做好核心系统运行参数和操作密码保存工作,在主岗工作人员因故不能到岗时,从岗人员可立即替代上岗。

③ 对不明原因灾害造成的损害且无法自行处置时须请求专业人员进行技术处理。

4.2.4 情况报告。

对发生的灾害按既定操作程序进行应急处置的同时,需要根据判定的灾害级别立即报告网络与信息安全应急处置工作小组。在Ⅰ级灾害发生时或上级领导通知的特殊时间内发生灾害,可以同时向市公安局计算机信息系统安全监察处汇报。Ⅱ级、Ⅲ级级别的灾害,可以只向本馆的网络与信息安全应急处置工作小组汇报,要动态汇报应急处置的全过程处置情况。

报告内容:灾害的发生级别和受影响的设备设施范围,灾害产生的起始、终止时间和灾害后果,为应对灾害采取了哪些应对方法,灾害应对预案是否足够涵盖处置措施、需不需要进行应对预案的修正。

4.2.5 发布预警。

灾害预警的目的是对尚未发生大面积灾害的安全事件提出可供参考的预先警告,所预测的灾害已经在其他地点小范围产生而又具有大面积爆发的可能性,如一种新型病毒或木马程序等。当本地用户收到预警信息后,可提高警戒级别或采取一定的预防措施,从而将灾害产生的可能消除或最大程度减少灾害带来的风险。

4.2.6 终止预案。

灾害经过处置后还须经过行业专家组评估处置结果,明确灾害已得到有效消除、业务工作恢复正常,馆网络与信息安全应急处置工作小组可公告结束灾难应急期,同时终止预案。

5. 保障措施

灾害应急处理需要一定的物质条件和组织保证,通过长期不间断的补缺补差、完善灾害防治的应急保障体系、提高应急能力、组织应急物资储备可以有效提高灾害防治应急水平,减少灾害发生的频率和减轻灾害后果。应急保障工作应该由跨部门跨专业组织人员专人专责进行。

5.1 应急装备保障

重要系统在建设系统时应做好冗余备件储备,建立网络硬件、软件、应急救援设备等应急物资库。

5.2 数据保障

数据备份工作是重要保障和应急预防手段,重要数据应建立异地容灾备份机制、保存多份备份,已备意外事件时的不时之需。

5.3 人员保障

完善信息化管理人才培养机制,培养起一专多能的复合型人才队伍,同时严格落实值班制度,可以有效提高灾难应急时的灾难预警、故障判断和设备恢复能力。

5.4 技术保障

信息技术设备的特点之一是软硬件技术迭代迅速,性能发展往往呈指数级增长,因此硬件设备淘汰较快,因此在信息系统建设中要充分预计技术发展变化带来的影响,确保已建设项目在全生命周期内的安全可维护性,保证发生紧急灾难时可以采取有效的技术应急措施加以应对。

5.5 物资保障

灾害应急物资贮备是灾害应急处置重要的物质基础,建立适当规模的、和数年之内安全形势相匹配的应急备件物资和抢险技术装备设施,保持定期检查更新,宁可长期不用形成一定损耗,也不能在急用时无适当物资可用,从而造成不可挽回的更大损失。

5.6 训练和演练

针对新发多发的各类灾害事故,在全馆定期组织全员知识讲座,对可能发生的事故处置方法加强普及、宣传和引导,组织特定人员参加各类抢险救灾实战演练,寓救灾能力于民,着力锻炼适应不同救灾场合、具有一定救灾能力的专业员工队伍。

6. 附则

6.1 本预案由网络技术部负责解释。

6.2 本预案自发布之日起施行。

附录3 相关法律法规及主要标准

1. 图书馆信息化建设的相关法律法规

《电子信息系统机房设计规范》(GB 50174—2008)
《数据中心基础设施施工及验收规范》(GB 50462—2015)
《供配电系统设计规范》(GB 50052—2009)
《低压配电设计规范》(GB 50054—2011)
《电气装置安装工程接地装置施工及验收规范》(GB 50169—2016)
《建筑设计防火规范》(GB 50016—2014)
《火灾自动报警系统设计规范》(GB 50116—2013)
《建筑内部装修设计防火规范(2001年修订版)》(GB 50222—95)
《工业建筑供暖通风与空气调节设计规范》(GB 50019—2015)
《民用建筑供暖通风与空气调节设计规范》(GB 50736—2012)
《电磁环境控制限值》(GB 8702—2014)
《电磁屏蔽室屏蔽效能的测量方法》(GB/T 12190—2006)
《建筑设计防火规范》(GB 50016—2014)
《火灾自动报警系统设计规范》(GB 50116—2013)
《火灾自动报警系统施工及验收规范》(GB 50166—2007)
《气体灭火系统设计规范》(GB 50370—2005)
《气体灭火系统施工及验收规范》(GB 50263—2007)
《电磁屏蔽室工程施工及质量验收规范》(GB/T 51103—2015)
《计算机场地通用规范》(GB/T 2887—2011)
《计算机场地安全要求》(GB/T 9361—2011)
《处理涉密信息的电磁屏蔽室的技术要求和测试方法》(BMB3—1999)
《防静电活动地板通用规范》(SJ/T 10796—2001)
《建筑物防雷设计规范》(GB 50057—2010)
《大楼通信综合布线系统》(YD/T 926.1)
《建筑物电子信息系统防雷技术规范》(GB 50343—2012)
《采暖通风与空气调节设计规范》(GB 50019—2003)

2. 信息安全主要标准

《计算机信息系统安全保护等级划分准则》(GB 17859—1999)
《信息技术 安全技术 带消息恢复的数字签名方案》(GB 15851—1995)

《信息安全技术信息系统安全等级保护基本要求》(GB/T 22239—2008)
《信息安全技术信息系统等级保护安全设计》(GB/T 25070—2010)
《信息安全技术信息系统安全等级保护定级指南》(GB/T 22240—2008)
《信息安全技术信息系统安全等级保护实施指南》(GB/T 25058—2010)
《信息安全技术网络基础安全技术要求》(GB/T 20270—2006)
《信息安全技术 信息系统通用安全技术要求》(GB/T 20271—2006)
《信息安全技术 操作系统安全技术要求》(GB/T 20272—2006)
《信息安全技术 数据库管理系统安全技术要求》(GB/T 20273—2006)

参 考 文 献

[1] 黄宗忠.图书馆学导论[M].武汉:武汉大学出版社,1988.
[2] 陈剑.数字图书馆的信息资源共享模式及其版权问题研究[D].哈尔滨:黑龙江大学,2010.
[3] 蔡振华.我国高校数字图书馆生态化建设研究[D].咸阳:西北农林科技大学,2016.
[4] 戴贤聪.我国高校数字图书馆建设探析[D].厦门:厦门大学,2013.
[5] 刘兴勤.数字城市中数字图书馆建设探析[J].中国科技信息,2006(22):173-176.
[6] 张阳.电子商务在中国国家数字图书馆中的应用研究[D].北京:首都经济贸易大学,2011.
[7] 王涵.广播电视机房环境集中监控设计分析[J].中国有线电视,2016(4):519-522.
[8] 胡海虹.广电机房集中监控报警系统[J].广播电视信息,2010(2):53-55.
[9] 潘虎.网络中心机房供电系统的设计与使用[J].电子世界,2013(11):149-150.
[10] 张荣帜.电子信息时代UPS的应用[J].中国电子商务,2010(11):311-312.
[11] 泰科电子(上海)有限公司.安普布线数据中心解决方案[J].智能建筑与城市信息,2010(9):39-41.
[12] 杜江.制造业网络优化对信息化建设的作用[J].网络安全技术与应用,2013(10):88-89.
[13] 吴敏飞.基于OPNET的校园网设计建模与仿真分析[D].杭州:浙江工业大学,2014.
[14] 郭聿佳.综合智能楼宇系统的设计与应用[D].北京:北京邮电大学,2011.
[15] 姚坤.高校校园网建设方案的设计与研究[D].银川:北方民族大学,2013.
[16] 张晓刚.基于PROFIBUS现场总线控制系统的研究与开发[D].杭州:浙江大学,2003.
[17] 严瀚.气流组织对数据中心空调系统能耗影响的研究[D].上海:上海交通大学,2015.
[18] 胡蔚星.广电机房精密空调的选配[J].有线电视技术,2007(11):107-110.
[19] 李瑞军.机房新风系统应用必要性初探[J].智能建筑,2016(8):48-49.
[20] 于文新,付强,梁慧玉.广电网络机房新风系统的优势[J].中国传媒科技,2013(24):134.
[21] 胡智锋.高校网络核心机房规划与设计[J].科技展望,2016,26(8):327-329.
[22] 赵君.防雷知识和风险评估的分析和应用[J].电工文摘,2013(3):62-66.
[23] 罗晓民,刘启明.706电视发射台防雷设计与改造[J].科技信息,2010(23):620-621.
[24] 邓亚群.高山广播电视发射机房防雷保护设计论述[J].科技风,2009(2):116-117.
[25] 陈水钊.综合楼建筑电子信息系统防雷措施分析[J].中国科技纵横,2016(22):181.
[26] 高晖,遇铸基,李中鑫,等.高山发射台防雷接地系统设计维护与体会[J].电视工程,2012(4):32-35.
[27] 何鑫.某数据信息中心绿色机房改造方案[J].智能建筑电气技术,2011,5(6):64-68.
[28] 许斌.XP系列在弱电系统中的应用[J].中国安防产品信息,2006(1):33-40.

[29] 黄传河. 网络规划设计师[M]. 北京:清华大学出版社,2009.
[30] 项闪飞. 数字校园基础设施建设[D]. 上海:华东师范大学,2010.
[31] 沈浩彬. 服务器虚拟化技术在电力企业的应用[J]. 科技与企业,2013(21):119.
[32] 施庆. 基于VMware vSphere的高校数据中心虚拟化建设研究[D]. 上海:复旦大学,2012.
[33] 唐宏平. 信息门户迁移整合系统的设计与实现[D]. 成都:电子科技大学,2010.
[34] 赵为民. 入"云"之路服务器虚拟化让企业有所为[J]. 网络与信息,2012(8):50-51.
[35] 彭军. 甄别两种服务器虚拟化软件[J]. 计算机世界(技术与应用),2008(22).
[36] 徐孝春. 走出"晕"计算[J]. 中国电信业,2011(10):77-79.
[37] 黄燕飞. 服务器虚拟化技术[J]. 考试周刊,2007(34):104-105.
[38] 郭栋. 大型绿色数据中心的规划研究[D]. 上海:复旦大学,2008.
[39] 陈立华. 基于网络的虚拟存储技术[J]. 图书馆学研究,2004(2):42-43,56.
[40] 刘玉波. 基于ESL的大数据商业智能系统的研究与实现[D]. 广州:广东工业大学,2015.
[41] 刘增军. 高可用性数据库系统研究、应用与性能优化[D]. 长沙:国防科学技术大学,2006.
[42] 范淑静. 火焰辐射光谱数据存储、查询及分析系统[D]. 西安:西安电子科技大学,2008.
[43] 王德军. 容灾技术研究[D]. 武汉:武汉大学,2004.
[44] 张贵贤. 终端文件备份与恢复系统的设计与实现[D]. 北京:北京交通大学,2009.
[45] 王永伦. 项目管理在制证容灾系统建设中的应用研究[D]. 天津:天津大学,2009.
[46] 龚丽萍. 图书馆数据中心灾备系统建设构想[J]. 图书情报论坛,2016(4):4.
[47] 周蓉蓉. 数据治理:审判体系与审判能力现代转型跃迁之道:以技术类知识产权数据的一体化司法应用为中心视角[J]. 中国应用法学,2021(1):85-105.
[48] 龙朝阳. Web2.0时代OPAC的实践与思考[J]. 情报资料工作,2009(1):45-48.
[49] 靳钰. 浅谈"智慧墙"在公共图书馆工作中的运用[J]. 贵图学苑,2018(4):62-64.
[50] 李晓明,胡崇嘉. 在线开放课程的优势与不足:以MOOC教学方法为例[J]. 当代教育实践与教学研究,2018(9):17-20.
[51] 晁明娣. 面向图书馆精准服务的用户画像构建研究[J]. 图书馆学刊,2019(4):110-115.
[52] 曾崛,邓未玲,李妮妮. 基于共享交换云平台的区域基础教育云总体架构研究[J]. 现代计算机(专业版),2014(26):28-31,43.
[53] 张文凤. 基于SSM框架的水资源管理系统的设计与实现[D]. 武汉:华中科技大学,2019.
[54] 胡爱香. 基于云聚合中间件平台的政务云架构研究[J]. 物联网技术,2016(09):4.
[55] 赵晓霞. 基于云计算技术的行政审批电子监察系统的研究与设计[D]. 厦门:厦门大学,2014.
[56] 胡钦文,陈韵如,罗立. 实现整合资源移动阅读图书馆[J]. 环球市场信息导报,2015(19):128.
[57] 杜菁玮. 新媒体广告的视觉动态设计研究[D]. 株洲:湖南工业大学,2014.
[58] 朱海霞. 基于4G网络环境下移动图书馆辅助英语阅读移动学习的研究[J]. 湖北函授大学学报,2015,28(4):151-152.
[59] 陈绪军. 国内民国时期文献酸化调研与思考:基于国内五家大型公共图书馆调研结果[J]. 新世纪图书馆,2017(9):32-34,44.
[60] 何冬梅. 校园自助图书馆系统设计与实现[D]. 秦皇岛:燕山大学,2012.
[61] 朱伟. 打造智能而有序的公共阅读场所:图书馆自功化建设探究[J]. 中国科技成果,2017,

18(19):49-51.
- [62] 毛艳斌.基于物联网的公共图书馆服务体系研究与应用[D].北京:北京工业大学,2015.
- [63] 黄胜国.基于RFID技术的智能书架管理系统研究[J].河南图书馆学刊,2015,35(6):108-111.
- [64] 李光.公共图书馆开馆环境下图书盘点工作的探索与实践:以首都图书馆为例[J].河南图书馆学刊,2021,41(1):13-16.
- [65] 袁志秀.基于RFID技术的智慧图书馆管理系统研究[J].电脑知识与技术,2014,10(27):6517-6518,6520.
- [66] 孙凯丽.基于深度学习的二句式非充盈态汉语复句的关系识别[D].武汉:华中师范大学,2020.
- [67] 李杨.基于多策略的本体映射方法研究[D].乌鲁木齐:新疆大学,2020.
- [68] 张斌.基于知识图谱的我国高校篮球运动研究的可视化分析[D].上海:上海师范大学,2020.
- [69] 秦岐.政府采购领域中大数据应用问题研究[D].泰安:山东农业大学,2020.
- [70] 刘忠.江西省文旅云项目建设的探究[J].江西通信科技,2021(3):24-27,33.
- [71] 范江波.法治视角看高校个人信息保护:上篇[J].中国教育网络,2021(5):51-53.
- [72] 罗广华.浅谈Web应用防火墙[J].技术与市场,2011,18(8):9,11.
- [73] 夏立新,黄晓斌,余燕.数字图书馆导论[M].北京:科学出版社,2009.
- [74] 龚胜泉,汪红军.知识管理与数字图书馆建设研究[M].成都:四川大学出版社,2014.
- [75] 张梅,文静华.绿色数据中心发展研究:技术与实践[M].北京:科学出版社,2017.
- [76] 林榕.交通运输行业数据中心建设与大数据运用[M].北京:人民交通出版社股份有限公司,2018.
- [77] 高岩,景玉枝,杨静.智慧图书馆信息化建设理论与实践[M].北京:科学出版社,2020.
- [78] 周欣娟,陈臣.图书馆信息化建设[M].成都:电子科技大学出版社,2008.